晚清时期外国人眼中的中国社会：麦利和旅居福州见闻录选译

作　者　[美]麦利和（R. S. Maclay）
翻　译　闫小斌
审　校　林大津　吴巍巍

江苏人民出版社

图书在版编目（CIP）数据

晚清时期外国人眼中的中国社会：麦利和旅居福州见闻录选译 /（美）麦利和著；闫小斌译．-- 南京：江苏人民出版社，2024.8

ISBN 978-7-214-29765-5

I. K252.07

中国版本图书馆 CIP 数据核字（2024）第 6CU233 号

书　　名 晚清时期外国人眼中的中国社会：麦利和旅居福州见闻录选译
著　　者 （美）麦利和
翻　　译 闫小斌
审　　校 林大津　吴巍巍
责任编辑 鲁从阳
装帧设计 许文菲
责任校对 王翔宇
出版发行 江苏人民出版社
地　　址 南京市湖南路 1 号 A 楼，邮编：210009
印　　刷 三河市南阳印刷有限公司
开　　本 710 毫米 ×1000 毫米 1/16
印　　张 11.25
字　　数 240 千字
版　　次 2025 年 1 月第 1 版
印　　次 2025 年 1 月第 1 次印刷
标准书号 ISBN 978-7-214-29765-5
定　　价 78.00 元

说 明

本册的原著为《生活在中国人中间——美以美会传教士旅居中国的见闻录》，原作者为［美］麦利和（R.S.Maclay），1861年由卡尔顿和波特出版社（Carlton & Porter）在纽约出版。

导 言 INTRODUCTION

福建是中外文化交流的重要窗口。从宋元开始，福建一直是东西方文化交流的中心之一，来自世界各地的商人、旅行家、探险者、外交使节、传教士等人梯山航海，络绎不绝来到福建，开展积极的文化考察与交流活动，促使对外文化交流成为福建文化最鲜明的个性之一。福建文化这一鲜明个性是我国传统文化中的一朵奇葩。同时，这一鲜明的个性又使它在整个中西文化交流过程中占有十分显著和显要的地位。

鸦片战争是中国历史的转折点，也是福建对外文化交流史上的一个拐点。从这个时期开始，西方与福建的文化交流步入一个新台阶。19 世纪上半叶至 20 世纪初，来到福建活动的传教士、外交官、海关人员、商人、探险家以及其他临时来访的西方人，通过他们在福建的长期生活和参观考察，写下了大量有关福建地理、历史、社会、经济、物产以及各主要城市的著作与文章，为西方世界认识福建的方方面面提供了十分有用的信息资料。他们对福建的记载、报道和介绍，无论在数量上，还是广度与深度上，都远远超过历代来闽西方人所写的游记、报告。这些资料有为殖民列强侵略福建服务的一面，也有加强福建与西方世界相互沟通的另一面，使西方对福建有了更全面、更深入的了解，这对福建更快地走向世界具有一定的积极作用。

本书所选译的著述属于19世纪上半叶至20世纪初来闽西方人士撰写的有关福建社会各方面事象的论著，不仅从一个侧面反映了当时西方与福建文化的交流概况，也从另一层面折射出近代福建社会特定的时代信息，对于今人认识与了解一百多年前的这段历史，无疑是有巨大的史料价值和研究意义的。

《生活在中国人中间》是美以美会传教士麦利和的代表作。麦利和是早期来闽活动传教士群体中的重要人物，做了不少开创性的工作。他入闽生活、传教二十余载，长期的工作生活经历使其对福建地区民间社会的生产生活有着比较直接的感性体验。《生活在中国人中间》就是记述他在福建工作生活期间对中国社会的见闻感受以及美以美会传教事业的发展情况。其中包括中国概览、中国历史概览、中国的政府机构、中国的法律体系、儒释道三种宗教、中国人的古代宗教信仰、中国人的性格、福州城建筑、土地使用情况、乡村之旅、教会学校以及在闽见闻琐事等，内容丰富多彩。

该书是麦利和于1861年4月利用回美国休假机会在纽约出版，出版后受到美国学界的重视，被各大机构收录引用。书中为我们保留了大量记述近代福州社会生活的信息，如政治、经济、地理、建筑、气候、对外贸易、民俗、民众性格，等等，尤其是书中专门记载了他与在闽琉球人交往的经过日志，对于我们了解近代琉球人在福州的活动情况及中琉关系等，都有着重要的史料价值。

总之，作为早期中美文化交流的重要渠道，麦利和的著作第一次将福建社会多层次、多角度地向美国社会介绍，在一定程度上促进了东西方之间的了解与沟通。

林大津

2024年12月

前言 PREFACE

过去几年，中国经历了几次重大事件，这使得这一古老而伟大的帝国受到了欧洲和美国的空前关注。

在中国政治步入新纪元的同时，我们注意到蒸汽航海领域与电报通讯领域的重大进展使得远隔千山万水的地域似乎近在咫尺。纽约至济州海峡（Jeddo）目前已有直达且不间断的蒸汽交通线路。从伦敦发电报仅需六天时间即可到达加尔各答（Calcutta）；借助拟建的贯穿美国的太平洋铁路及作为其辅助的跨越太平洋的蒸汽船线路，游客将可以在二十二日内从纽约到达中国。

献给读者的这本书是作者旅居中国约十二年中基于观察和研究的成果。作者和当地的人们有着密切的往来，可以自如地使用当地方言和他们交流，并亲自到访了几乎所有准许外国通商的城市，从而能够对相关问题形成了可信的看法。他企盼书中所言可以得到广大读者认可。

在撰写的过程中，作者从德庇时爵士（Sir John Davis）、麦都思博士（Rev. Dr. Medhurst）、卫三畏博士（Dr. S. W. Williams）、克陛存牧师（Rev. M. S. Culbertson）、艾约瑟牧师（Rev. J. Edkins）及美魏茶先生（W. C. Milne, Esq.）等的相关著述中受益良多，谨表谢意。对于本书中所讨论的一些话题，读者可参照以上诸位的大作，定会有颇多的受益。

谨以此书献给曾多次真诚地力劝作者立著以出版的朋友们、献给对这个世界上最古老同时也是其中一个最伟大的日不落帝国之一感兴趣的朋友们。诚挚地希望并热情地祈祷此书可以聊尽薄力，使中国进入一个光辉的时代。

麦利和

1861 年 4 月 26 日于纽约

目 录 CONTENTS

插图目录

第一章　中国概览

第一章 中国服装

◇ 地理位置

从世界地图上看，中国的地理位置颇为有趣且耐人玩味。中国地处亚洲大陆东南部，国土面积大于现在的整个欧洲，大约为地球表面可居住面积的十分之一。中国疆域西起婆罗科努山（Beloor Mountains），东至济州海峡（Jeddo），北起阿尔泰山脉（Altay Mountains），南至东京湾（the Gulf of Tonquin）和喜马拉雅山脉（the Himalaya Mountains），东西经度横跨70度，南北维度纵跨35度，总面积为500万平方英里，其中五分之一地域为热带区，其他属北温带。中国海岸线长2000英里，有着世界上最优质的港口。中国南部边界近半与英属印度国接壤，北部和西部几乎全部与俄国亚洲境内国土接壤。向南到达辽阔的澳洲大陆只需几日航程，向东乘船不需10日便可抵达太平洋彼端的美国西海岸。

◇ 国内资源

中国国内资源充盈，矿产、动物、谷类及蔬菜等资源得天独厚，十分丰富。金、银、铜、锡、铅、铁、煤、石膏、石灰石、红宝石、钻石、紫水晶、石榴石、猫眼石、玛瑙等为数众多。温带的大多数动物、鸟类和鱼类及很多热带独有的品种在中国都可以看到。狮、虎、豹等动物现在较为罕见，但诸如马、牛、山羊、绵羊、猪、狗、猫等家畜十分常见。另外，这里还可以看到骆驼、狼、狐狸、野猫、野兔、家兔、岩燕、貂、银狐、蜜獾、狼獾、水獭、松鼠、豪猪、刺猬、土拨鼠、鼬鼠、老鼠等。与哺乳动物类相比，中国的鸟类较不为人熟知。鸟类有白头鹰、鹰、乌鸦、鹊、雉、猫头鹰、伯劳鸟、白对翁、画眉鸟、夜鹰、燕子、麻雀、知更鸟、布谷鸟、松鸦、翠鸟、鹦鹉、孔雀、野鸽、鹅、鸭、鸡、家鸽、沙锥鸟、千鸟、食米鸟（一种秧鸡）、苍鹭、白鹭、鹳、麻鹬、鸬鹚、鹂鹛、鹈鹕等。中国或许是世界上鱼类最多的国家，包括鲨鱼、鳐鱼、鲟鱼、海豚、电鳐、鳕鱼、鲑鱼、鲳鱼、鳎鱼、鲭鱼、鲱鱼、鲤鱼、鳗鱼、金鱼、翻车鱼、黄鱼、尖嘴鱼、梭鱼、鲻鱼、豚鱼、凤尾鱼、牡蛎、蚌、淡水虾、海水虾、蟹、小龙虾、墨鱼等。

禾本植物

中国境内种植的禾本科植物有稻、小麦、大麦、燕麦、小米、荞麦、玉米、甘蔗（其结实的皮可用来编织草垫或用作燃料）、大麻、烟草、竹子、棕榈树。

“在附近的农村里，竹子被种植成林，既美观又可遮荫，十分赏心悦目，大小不一的竹茎还可以有多种用途。竹子外表优雅而庄重，是点缀花园和村庄最具东方乡土气息的植物。主茎上的枝叶蜿蜒耸入天空，高可达50英尺或更高，每每微风轻拂，翩然起舞，给实用的竹子又添一份雅致。

竹林

可以说，竹子十分有用，在中国人这里有很多用途（固然其中有些用途在其他地方会有更好的替代品），可称得是中国的象征。竹子一旦生根即具有很强的生命力，竹鞭上抽出的笋芽和笋叶成长为竹子。常见的黄色类的竹子广泛分布于东部和南部各省。中国作家笔下提到的竹子达60种，其中最为著名的分别是表皮为黑色的竹子和竹枝精美而纤细的矮竹。前者用于制作家具，而后者用于加工铅笔。竹子嫩枝可以食用，四到五英寸长的嫩枝用来煮食、腌制或加工成蜜饯，而并非如穆雷（Murray）所描述的‘形如芦笋状的嫩芽或花’。竹根被巧妙地雕刻成人、鸟、猴或其他形状奇异、惟妙惟肖的物件，也可制成灯笼柄和手杖，或是椭圆形的竹签来供善男信女们推断神灵是否会聆听或拒绝他们的祷告。尖细的竹竿不仅可以像杆子一样充当挑物、抬物、推拉和测量的工具，供搬运工、木匠和船夫使用，还可以用做房屋托梁、船帆支架、矛的手柄、栅栏杆、引水渠导水管、伞柄与伞骨及扇柄与扇骨。

竹筐

竹叶可以与草绳编织做成遮雨的蓑衣，亦可堆积形成肥料或铺作茅草屋顶。大小不一的竹片和竹条可以加工成形状各异、精巧别致的竹筐和竹盘，可以拧成竹绳，编成遮篷、剧院舞台布景墙、船篷及商品的外包装盒。即使是竹屑也可以作为填絮与竹藤一起填充床垫。竹子可以加工成床、躺椅、筷子、烟斗、笛子、门前的竹帘、扫帚及室内各种豪华舒适的屏风、竹台、凳子和沙发。竹子同样可以制成床垫、座椅、饭桌，竹子可以食用也可以充当燃料。管教学生用的戒尺以及他们所读的书最初均为竹制。笙与风琴可以奏出美好的乐声，笙管或风琴管均为切削过的竹子。而刀斧手所持的令人畏惧的武器，可以夺命，却也有竹制部分。竹子，如此奇妙，很多东西都不同程度地依赖它，比如发卡、斗笠、纸张、笔、笔筒、尺子、度量杯、水桶、风箱、火柴盒、鸟笼、蟹篓、鱼竿、毒矢吹管、水车、屋檐排水管、独轮推车、手推车。竹子优雅美丽，即使砍下后也有如此多的用途，堪称完美。”（《中国总论》第 2 卷 :216）

树木、蔬菜与水果

中国境内的树有松树、紫杉、柏树、柳树、橡树、栗树、胡桃、榛树、榕树、樟树、橄榄树、杜松、金钟柏等。尽管蔬菜品质比美国同类蔬菜逊色，品种却十分丰富。最常见的蔬菜有豌豆、大豆、番茄、卷心菜、萝卜、黄瓜、洋葱、芹菜、胡萝卜、菱角、菠菜、鸡冠花、绿紫苏、大黄、甘薯、白薯等。水果亦很丰富，只是口感多差强人意，包括橙、柚子、石榴、梨、桃、李、苹果（品质很差）、芭蕉、菠萝、芒果、南美番荔枝、荔枝、龙眼等。

榕树

◇ 人口

据最新可靠消息，中国人口已达4亿。对如此庞大的群体形成一个充分的认识实非易事。与世界各地人口数量比较，我们发现中国人口超过了欧洲、非洲和整个美洲的人口之和。事实上，中国人口超过了人类总人口数的三分之一。这一推测估计以中国的官方文件为依据。在中国，人口数据由国民在户口普查中反馈给政府，政府在征兵服兵役和征税充盈亏空的国库时，均以这些人口统计数据为依据。因此，我们有充足的理由推断中国人只会少报而不会多报人口。我们认为中国人口占世界人口至少三分之一的这一说法是准确、可信的。克陛存牧师（Rev.M.S.Culbertson）谈及此问题时曾说："无法想象怎么会有这么庞大的群体。4亿！这意味着什么？一个人不进食、不休息，连续11个日夜不间歇地数，疲惫不堪也才数到100万。这个差事单调乏味，似乎到完成还需数年那么长的时间。”他还设想让这个庞大的群体以六英尺为间距单列成排，以日行30英里的速度前行，其中仅在安息日休息一天。“日复一日，这个流动大军迎着初升的朝阳一直向前，跨过太平洋，越过大西洋。队伍跨过了太平洋后，继续前行，翻过高山，穿越和煦的平原和宽广的河流，途经中国、印度和欧洲帝国，再一次越过汹涌的大西洋洋面。队伍的长度远远超过了地球的周长。绵延的队伍从头至尾可绕地球18圈。日复一日，数年已过，男女老少们仍在行进的途中，昔日的少年已长大成人，但人流仍络绎不绝。这一漫长之旅前后需耗时整整41年。”

4亿人！他们是谁？他们又是什么样的人？他们是我们的手足兄弟，和我们一样有着血肉之躯，但他们不信奉上帝，他们对无思想的塑像，也就是对他们自己创造出来的东西却崇尚有加。

我们应如何给中国人定位呢？他们与世界上的其他民族相比，具有哪些特征，又处于何种位置呢？他们不是野蛮部落，也非原始人群。从俗世的角度讲，我们必须承认这是一个已文明化的民族。他们稳定地生活在这里，既非移民亦非游牧民族。他们在村庄、城镇或大城市，世世代代留守着自己古老的家园。他们生活在一个有序的社会里，拥有自己的教育体制和政府。在这里，手工业门类基本齐全，可以满足几乎所有的日常需求，同时可以生产很多生活奢侈品。在他们政治经济学领域学者的笔下，中国社会分为五个阶层：农民、手工工人、知识分子、商人和士卒。

农民

理论上讲，农民是中国社会的第一大阶层，有着最高的荣誉。中国人很早就开始注重农业。在之后漫长的岁月里，古代的中国人尊奉君主，并从他们那里学会了务农的基本知识。历代王朝都致力于激励人们的务农精神。直至今日，皇帝每年都需要在其首都北京附近的一小片田地上举行“扶犁”仪式。中国农业尽管有着这些优势，时至今日仍很落后。农民阶层并不具有特殊的精神或影响力。整体而言，农民这个群体迷信，但勤劳节俭、谦卑顺从，是我们所知的中国人诚实善良品质的代表。

土地保有状况

“尽管中国鼓励农耕，但仍有大片土地荒芜，其中不乏良田。可能是由于人们缺乏资金与技术，无法通过灌溉来改良土质；也可能是由于担心投资得不到应有的回报，农民因此缺乏积极性。

土地财产以氏族或家庭为单位大量持有，但并不限定继承，也少有土地垄断的现象。土地可以免费持有，但需向君主交纳地租，地租大约为收成的十分之一。土地使用者在地方政府登记备案，按承诺定期缴税即可拥有土地。父母的地产与房产由长子继承，但其兄弟及家人仍可继续居住，并共同协商房屋分配问题或以友好方式解决。女儿及非同一家族的养子均无继承权。承受抵押人必须切实拥有财产权，付清税费，抵押方生效。除非另有明确规定，土地可以在 30 年内的任何时间以原价赎回。法规的第九到第九十条对相关问题做出了规定，其中一些与希伯来人的法规相似，试图保护同一氏族或部落的土地持有权。”（《中国总论》第 2 卷 :102）

农业耕作

“中国人与其说是农民，不如说是园艺工匠。他们的田地面积不大，作物种类也不多。而且，他们向来不致力于改良原本贫瘠的土壤以增加土壤可培植的植物品种，或通过合理施肥与庄稼轮作等成本低廉的方式来保养土地。他们一遍遍地翻松土壤、定期施肥保持土质，通过辛苦的劳作来弥补农用器具落后的不足。他们的农用工具很少，且十分简陋，可能与几百年前的工具相比亦无任何大的改进。最常用的农具是锄头，外形宽大，并没有我们的铁锹好用。锄头宽大的木边缘镶着铁片，可以增加锄头的重量，加大锄地的力度。铁锹、铲子和鹤嘴锄在菜园里使用，种地时则用犁和耙。犁是木制的，只是犁头部分裹有铁边。犁头呈扁平形，因此探入土壤部分最多不超过五英寸。犁整体构造简单、粗糙。其发明者或许是一个饱尝犁地艰辛而心生厌倦的农夫。他牵来了牛，将铲子绑在扶手上，把牛拴在扶手的一端，自己扶着另一端。如此一来，省力颇多，他十分满足于此，从未想过进一步改良，只是将铲子换为更为锋利的犁刀，将扶手改造为横梁和把手。耙由笨重的耙杆、一排结实的木齿和一个支架组成，可以是一个有好几排木齿的三角形器具，使用者可以站在其上操作。

种水稻时，使用最广泛的是水牛，而牛和驴则在旱地耕种时使用。马、骡、牛及羊同样各有用途，亦经常搭配使用，令人颇感滑稽。尼乌霍夫（Nieuhoff）所描述的男人们将妻子与驴套于犁上的情况并不常见，尽管常有提及可见半数女子被套于挽具之上。”（《中国总论》第 2 卷 :102）

在福建省，农民们一年中在同一块土地之上轮耕 3 次，或许在中国的其他地方亦如此。约 4 月中旬，第一轮稻米播于田中，与美国播种白菜与甜菜类似。这季稻米生长至6月中旬左右时，第二轮稻米播于同片田中，与第一轮稻米隔行。两季稻米共同生长至7月中旬时，收割第一季稻米。之后，第二季稻米生长迅速，约9月中旬时即可收割。之后，犁地准备播种冬小麦。冬小麦于10月1日左右播种，于次年4月1日左右收割，为夏季稻米播种做准备。

手工工人

手工工人是最庞大的社会群体，他们在几乎所有可以想象得到的制造业领域做着贡献。他们在很多手工艺门类中的技艺受到普遍认可，一些织物及手工制品值得全世界称赞。值得一提的是，欧洲人所认定的现代三大发明均源自中国，即印刷术、火药与指南针。早在公元10世纪，中国就已有了印刷术。尽管中国人关于将火药应用于枪支的知识很可能是从西方习得，但可以肯定的是中国人早在古代就已懂得火药的成分。可靠证据表明，早在公元3世纪或4世纪时，中国人已熟知指南针并懂得如何使用。他们甚至已注意到了指针的变差。

易燃气体

将易燃气体应用于手工业及其他领域对于我们而言是最近的事情。我们的城市与居所中的照明由此成为了现实。我们不禁为自己拥有如此的聪明才智与创新精神而庆幸不已。但是，中国人在这一方面又先行一步，尽管他们对这一技术的应用水平不及西方人。

火井

四川（Sze-chueu）是中国西部的一个省份，这里有一些非常深的井，井水似岩盐层中卤水一般。这种卤水被置于大平底锅中煮沸。该省的部分地区有一些天然的热盐水井，被称为火井。这些井的井口密封着，有一根竹管插入井中。竹管中有大量气体，遇火即可持续燃烧，正如我们城镇中的燃气管道一样。中国人非常聪明，他们利用这个天然气工厂为附近的村庄照明，采用空心的竹子而非铁管来传导。

“然而，这些气体最主要的作用是借助管子引至盐釜下方用于制盐。为了避免管子燃烧，他们在竹管的末端安装了陶制的喷嘴，水汽可由此蒸发。这一制盐的方式成本非常低，因为燃料是没有任何成本的。该地区气体的存储量很大，因此盐釜的数量也非常之大。这种气体有点类似我们的煤气，由地下的火山作用而产生，很可能是一些燃烧的煤层释放出的气体，容积大小不一。有大量的气体持续不断地从地下释放出，或许仅此一处。”

桌灵转

“即使是‘桌灵转’与神灵显现在中国也不是没有。中国人在这方面及其他很多方面的水平高于我们之中从事类似活动的人。他们在这类活动中的做法与美国所流行的似乎有些不同。桌子被翻转过来，由一双筷子支撑着置于装满水的研钵或碗上方。4个人各用一只手握住一支桌腿，另一只手分别握住其余人一只空闲的手。如此一来，就围成了一个圈。此时，桌子在咒语声中开始转动，这个‘圆圈’也随之转动。1分钟后，桌子已转动得非常猛烈，直到失去平衡后倒落在地。桌子的运动被一致归于超自然力量的作用，但似乎未曾被鼓吹为与神灵世界往来的一种方式。

无需求助如此拙劣的与亡灵对话的方法。神灵受到引诱，已将他们往来传递的讯息写下。将某种粉末状的东西撒在桌子上，诸如面粉、糠或尘土。之后，将一根铅笔或筷子绑在一只无把手的小篮筐边缘或塞入篮筐上的空隙中。篮筐被翻转过来，两个人相向而立于桌子两端，篮筐边缘置于这两人的一根或两根手指之上，使得铅笔可以接触到撒了粉末的桌子表面。很快，铅笔转动起来，继而带动篮筐和手指转动，在桌子表面留下一些笔划，识字之人可以很容易地辨别其中的汉字。信息如此得以传递，但人们并不知其所指为何。确实，有时，被呼唤来的幽灵不会写汉字，抑或许不愿施展法力，只会留下一些不知何意的符号。但是，一般来言，所留下的符号是有意义的，所传递的信息也是有价值的。”（《中国的宗教与迷信》:186-187）

知识分子

中国人一直以来都很敬重知识分子。有趣的是，他们很早就开始关注有识之士。在凯撒大帝（Cesar）率领他的古罗马军团攻入英国之前，在雅典创建者刻克洛普斯（Cecrops）为希腊占领第一批殖民地前，中国人就有了他们的书院，那里聚集着率真的年轻人。他们关于历史、数学、农业、制丝、茶文化及类似主题的著作中包含着大量朴素但却奇异而有用的知识。他们有关国家历史的著作汗牛充栋，史实叙述非常详尽，总体来讲还是很可信的。他们的诗歌虽主题单一，基调多愁善感，但意象奇特，富于鲜活的比喻。在他们的玄学著作中，有鞭辟入里的批评，有细致入微的分析，有正确有理的结论，虽不乏基于经验主义的谬论，亦偶尔迸发着深刻的道德与政治的思想火花。宜人的环境和清朗的天空很早就唤起了他们对天体运动的兴趣。我们注意到在他们最早的历史文献中就已有关于日、月食及其他天体现象的记载。然而，中国人在科学调查方面未取得大的进展。鉴于现代基督教国家在这方面的领先位置，中国人不太可能在这方面有更高的成就。很明显，中国人是一个务实的民族，在大多数实用性强的领域及诸多工艺美术领域取得的成就值得赞赏。

商人

商人在中国是一个庞大的社会群体，深受尊重。他们精明、圆滑，处事机敏，精力充沛；面对困难时，富有耐心，颇有毅力。中国气候条件多样，土质不一，生产领域广泛，这些激发了人们对贸易的兴趣。同时，中国得天独厚的航海条件推动了商业的发展。当约沙王[1]（Jehoshaphat）建造船只与俄斐[2]（Ophir）进行黄金贸易时，中国的船只也沿着中国海岸或在河流上行驶。中国的航海条件与地位很早就引起了其他国家的注意。我们发现，中国早在公元 1 世纪就与外国有商业往来。其后，中国与其他诸多国家建立了贸易关系。中国的

[1] 约沙王是公元前 9 世纪的犹大国王。

[2] 俄斐是《圣经》中记载的盛产黄金和宝石的古城。

闭关政策始于当朝，确切地说，始于公元1644年。对外贸易尽管因遭到中国政府的反对而处境尴尬，但从未彻底停止过。如今，中国有来自各国的商人，港口上停泊着各个文明国度的船只。中国生产的产品在世界贸易中的位置举足轻重，因此基督教国家中的四个代表国携手举外交之力打开了中国对外贸易之门。1858年春时白河（Peiho）的景象在中国历史上可谓是前所未有的。英国、法国、俄国和美国的军舰并排停泊着，国旗在这个北部海湾的微风中飘扬着。弥漫在塞瓦斯托波尔（Sebastopol）城内的硝烟尚未完全消散，血洒克里米亚（Crimea）战场上的人们入土得以安葬不久，他们国内的政策纷争仍盛。

然而，在位于远东的这里，来自这些基督教国家的大使们已宛然一副友善之态，虽然这些国家才刚结束彼此争斗。他们携手在这个世界上最古老、最强大的非基督教国家发挥着自己国家的国力和影响力。

士卒

士卒在中国的社会地位是最低的，这一点真实地反映了这个民族对这一群体的情感。中国人全然不认为军事实力羸弱会有损于民族形象。他们称，“中国是诗书礼仪之邦，而非铠甲荣军之国。中国人捍卫权利，平息争议凭借的是理性思考和言之有据，而非诉诸武力、兵戈相见。”军力之事在中国不受重视，士卒们疏于演练，收入微薄，不堪一击且常劣迹斑斑，这些丝毫不足为奇。

1854年夏，福建省西部频繁受到当地匪徒的侵扰。他们伺叛乱活动之时，抑或有时紧随叛乱活动之后，掠夺民众，破坏社会安定。为了平息纷扰，州官偶尔会派军干预，所派军队无一例外均在速战之后传来捷报。在其中一次派军中，有很多人是我们其中一个礼拜堂附近的邻居。看着他们穿上军装，告别家人与邻里去赶赴危险之地，觉得十分有趣。他们离开约两个月后的一天，我们在礼拜堂正要结束活动时，有消息传来，称士兵们回来了。所有人都跑到街道上去迎接他们。回来的士兵面容憔悴，行为散漫。我注意到我的邻居全部都回来了，且看上去都未受伤。我有些惊讶，问道："你们都回来了吗？"他们回道："是的，除了两三个人因为吃了过多的水果得痢疾死了，其余的人都回来了。"我接着问道："那么，仗打得怎么样了？""哦，打仗还是很危险的。"我问道："那么，你们找到敌人了吗？"他们颇为急切地回答道："找不到敌人的话，还怎么会激战五十场呢？"我喊道："五十场激战，难道没有人受伤吗？""受伤？"他们愤怒地反驳道，"你看看这些都是什么？"他们指着里外都破烂不堪的衣服和皮肤上的刮痕，脸上流露出阴郁而滑稽的表情。类似的话题颇令人玩味，我们暂且谈到这里。

第二章 中国人的古代宗教信仰

◇ 中国人彼此矛盾的多重性格特质

仔细研究，一定会发现中国人具有独特的性格特点，其中有些特质很明显彼此矛盾。这种性格很明显是多种影响因素促成的，有些因素至少目前已不存在，有些因素已不再起作用。儒教（Confucianism）、道教（Rationalism）与佛教（Buddhism）无论是单独作用抑或是联合作用均无法促成这种性格的形成。不难察觉，道教与佛教不足以有如此影响力。至于儒教，其影响力既来源于促成其思想形成的一些先前的古代思想，也来源于孔子（Confucius）据此提出的一些伦理与政治的思想。即使中国的这三大宗教体系均对民族性格的形成有影响，这三大体系仍无法对其中一些精神和道德特征做出充分而令人满意的解释。我们认为只有从中国人古代的宗教信仰中才可找到他们性格形成的真实原因。关于璀璨的古代中国文明，有大量记载。他们说："人类社会取得进步，是否有《圣经》并不重要，人类可以创造文明。人类拥有一种内在的力量，可以促使其摆脱愚昧与落后而向文明迈进。"他们以中国为例来证明这一观点，说道："中国这个人口大国丝毫未受到《圣经》教义的影响却实现了文明的进步。"在过去的数年中，欧美人具备了研究中国人性格及中国历史之空前便利的条件。人们对一些事物的看法先前或由于想象力过于丰富或由于蓄意设计而被扭曲。令人欣慰的是，我们目前能够纠正这些错误并阐明正确的观点。我们无意否认或贬低古代中国文明的辉煌成就。但是，我们必须明确地表明璀璨的中国文明绝非"丝毫未受到《圣经》教义的影响"。

孔子

◇ 中华民族长久的生命力

值得注意的是，在大洪水时期后迅速成立的那些古老的帝国之中，只有中国仍然存在。亚述人（Assyrians）、埃及人（Egyptians）及之后的希腊人（Grecians）均孕育了较高的文明与智慧。但是，这些文明均在很快步入巅峰期后陨落。然而，中华文明从未有过丝毫倒退。尽管有些不可思议，但中华文明保持全盛状态至少已有三千年之久。在漫长的岁月中，中国人稳健地继承着他们最初的文明。如今，他们仍然保有早期文明中所有社会、文学及政治的根本特征；而当时，亚述人在修筑宏伟的城池，埃及人在阐发他们精妙的轮回思想，希腊人在特洛伊（Troy）的城门激战。如何会有这样的结果，原因为何呢？这一问题颇令人玩味。中华文明的一大显著特征是其不具有在其他宗教文明中占重要地位的那些令人厌恶且残忍无比的礼仪。将邪恶奉若神明、用人作祭祀品可称是几乎所有其他宗教文明所具有的特点，但是中华文明却非如此。就这些令人厌恶的行为带来的罪恶与相关国家灭亡之间的关系，《利未记》（Leviticus）第十八章第二十段和第二十五段做出了如下表述："在这一切的事上，你们都不可玷污自己，因为我在你们面前所逐出的列邦，在这一切的事上玷污了自己。连地也玷污了，所以我追讨那地的罪孽，那地也吐出它的居民。"上帝对那些遵守"尊重父母亲"诫令的人就生命的长度做出了承诺，我们提及此以期进一步思考如何解决这个问题。就对父母的尊重而言，没有任何一个宗教民族可与中国人比肩，从未有任何民族可如中国人一样拥有实现这些及类似预言的能力，从未有过任何一个时代可如当今这个时代有吉兆表明可以很快取得最终的胜利。

第三章　中国历史

第三章　中国西安

◇ 中国历史记载与摩西著述

中国历史曾给许多作家带来无穷的困惑，引发过颇多误解。他们中有些人痛斥其完全不可信，丝毫不值得研究；另一些人却从不吝惜对其高度的溢美之词。中国历史就是这样有时被大肆颂扬，有时被随意贬低，这种现象着实有些奇怪。文雅之士厌恶中国历史繁琐而不知所云的术语和对历史事件及人物怪诞的表现方式，因而通常对历史不予考虑。无神论者高调地宣扬历史的久远性与可溯性，热衷于以此来驳斥《圣经》中的内容，试图为他们的观点寻找合理的依据。有些读者一定还记得，法国和德国的宗教徒神使们一些年前谈及此时以下信心十足的话语："《圣经》中的年谱不可靠""《圣经》所述历史与古代真实的历史记载不符""《圣经》所言非实"。这些言论与其他类似的观点迅速成为无数人抨击基督教的依据。这些作家声称，"摩西的记录是完全错误的。中国古代历史记载所描述的中华民族先祖创建中华大帝国的时代，摩西却声称当时上帝正在创造天地；中国农民已开始在田间耕作，摩西却声称当时亚当（Adam）还在耕作伊甸园"。相关描述详尽，基于这样的前提，必然得出如上的结论。如果中国古代的记录属实，摩西所述则可被推翻。关键问题在于"中国古代的记录是否属实呢？"这一问题目前已经过深入的调查，外国的传教士和外交界人士已对此达成一致意见，认为伏羲（Fuhhi）时代之前，即约公元前 2852 年前，中国所有的历史记载均不属实。同时，从伏羲时代至约公元前 1100 年周朝（Chau Dynasty）成立之间，所有的历史记载均极度含糊不清；约公元前 1100 年之后，即周朝成立后，历史记载才完全可信。

德庇时爵士提及此时，曾说："从孔子所在的周朝开始，历史可能才具有可信性。这之前的记载虽不可说完全失实，但却有虚构的成分，恐难称为历史。”已故的牧师麦都思博士曾讲道：“一般认为，中华民族历史久远，史料记载可追溯至公元前1000多年前。但其历史记载与形成年代稍晚的摩西著述差异之大，令人不禁质疑二者哪种更可信。然而，事实上，中国人与大多数其他宗教民族的人民一样，既有编年史也有如神话般的虚构史。编年史讲述人的历史，是真实的；虚构史讲述神的历史，是不可信的。在虚构的神话史中，尘世君主统治期前，有45000年的天国君主统治期和18000年的大地君主统治期。但是，这些非凡人物的名字、性格、功绩、经历或他们统治的具体年代等均未提及。不仅如此，他们统治的政权是建立在天国抑或是大地，他们统治的疆域是特指中国还是包括其他各国，这些均不得而知。简言之，对这些虚构的君王的模糊描述表明一切皆为想象，只是为了取悦于那些易受骗之人。的确，中国人自己都不太相信会有这样一个神话时期。德高望重的历史学家朱夫子（Chu-Fu-Tsz）根本未曾提及这个荒诞的、凭空想象的时期。他所讲述的历史，开始年代靠后许多，相关人物与事件具有连贯性，有史料可查，可信度更高。”另外一位中国的历史学家谈及这些荒谬的古老的神话时，评论说它们“有悖于常理”。

朱夫子

从约开始于公元前2852年的伏羲时代至公元前1100年周朝的创立之间，相关记载模糊不清、令人不可思议，所涉及的人物及时代语焉不详，不具可信性，无法称为历史。我们或许无权驳斥这段中国历史不具可信性；但仅靠历史的蛛丝马迹，我们根本无法确定相关事件的具体年代。我们只能希望未来关于东方各国的研究发现可以使人们更多的了解这些不为人详知的时代，可以给对这段十分有趣的时期感兴趣的人们一个真实可信的解释。

这就是既定的历史事实对所谓的中国历史悠久一说给予的回应。中国历史记载中与摩西所述不符的部分不攻自破，而可信的历史事实部分与神圣的摩西记录中的描述则完美地贴合。

◇ 中国历史概览

本书将不对中国历史进行详尽的描述。相关详细论述，读者可参阅德庇时爵士和卫三畏博士（Dr. S. Wells Williams）等的大作。我们暂时只需要知道的是，据中国历史记载，从约公元前2205年的大禹（Yu the Great）时代开始至今，大约经历了26个王朝，约4000年左右。根据中国最早的历史记载，该国的发源地在河南省（Honan）。在地图上看，从亚洲中部开始有一条线，穿过中国西北部的群山，一直延伸到下面的黄河流域（the Yellow River）。中国的缔造者正是沿着这条路线到达了河南，之后从这里逐渐向北和向南扩张，形成了现在的中国。在追寻他们历史足迹的过程中，我们发现他们有时组成了一个俨然是坚不可摧的政府，有统一的中央领导；有时却分裂成许多小的、彼此纷争的国家，最多时一度达到125个。值得注意的是，在我们的救世主耶稣基督降生时，中国当时为西汉平帝统治期。公元585年，长江（Yang-Tsz River）一中国的密西西比河(the Mississippi)—以南和以北的领土统一在一个国家。其后，迎来了中国历史上最著名的君主之一，唐太宗（Taitsung）。"在他统治期内，帝国的疆域扩展至甘肃西部所有的土耳其部落（the Turkish Tribes）居住地、天山（Tien-shan）南部及遥远的里海（the Caspian Sea），共四个总督管辖区。西部的一些小部落表示屈服，不同程度地臣服于太宗，太宗将它们划归为十六个部落，由各部落的酋长在一位总督领导下负责管辖。太宗时期的疆域从波斯边境、里海以及吉尔吉斯草原（the Kirghis Steppe）的阿尔泰山（Altai）一带起，沿着那些山脉一直延伸至戈壁沙漠（Gobi）的北侧，再向东，直至兴安岭（Hingan）腹地。索格狄亚那（Sogdiana）、霍拉桑（Khorassan）的部分地区及兴都库什（Hindu-kush）周围地区均臣服于太宗。尼泊尔（Nipal）和印度比哈尔（Baharin India）的统治者派大使向太宗表示敬意；希腊国王西奥多修斯于公元 643 年派使节前往长安，与波斯人一样带去了红宝石和绿宝石作为礼物。基督教传教士也曾进入皇宫。太宗对他们以礼相待，听他们详细讲述了主要的教义，并传令在国都建造一座教堂。太宗还下令将他们的圣书翻译出来请他读阅，尽管现在没有证据表明当时圣经曾被译为汉语。”

唐太宗

这一帝国曾两次被数百年间活动在北部边境的北方游牧民族推翻和征服。公元 1280 年，蒙古人在忽必烈可汗（Kublai-Khan）的率领下，获取了统治权，统治该国长达 90 年。马可·波罗（Marco Polo）在忽必烈统治期间曾到访中国。回到欧洲后，他热情地描绘了这个东方君王富丽堂皇的宫殿。或许是他的描述激发柯勒律治（Coleridge）创作了以下这首诗，柯勒律治曾称这首诗创作于梦中：

忽必列汗在上都曾经
下令造一座堂皇的安乐殿堂。
这地方有圣河亚佛流奔，
穿过深不可测的洞门，
直流入不见阳光的海洋。

忽必烈

公元1644年，来自中国东北的满族人获取了皇位，统治至今。

◇ 和西方国家的往来

中国的发展并未完全独立于世界上的其他国家，有充分的证据表明古代的一些国家并非不知道有中国的存在。阿里安（Arrian）所提及的亚洲最远端的Sinos或Thinos即是指中国人。根据他的描述，中国人经由大夏（Bactria）或布哈拉（Bokhara）将丝绸或丝绸制品向西出口。据中国编年史记载，公元94年，当时执政的中国皇帝曾派使节寻求与西方各国建交。因为这个东方国家生产的丝绸织物精美无比，备受奢侈的拉丁人推崇和喜欢，公元161年，玛尔库斯·安托尼努斯（Marcus Antoninus）曾试图派大使团经由海路到达这里，但未能成行。基督教约于公元635年由一些受到罗马帝国迫害而被迫东移的基督教主教传入中国。公元850年和公元877年，两名阿拉伯游客来到中国，公开发表了他们的旅行日程表，后经勒诺多（Renaudot）翻译；其中描述了阿拉伯和中国之间广泛的商业往来。公元1246年，教皇伊诺森四世（Pope Innocent Ⅳ）派遣修道士乔万尼·加宾尼（Giovanni Carpini）到中国请当时的皇帝皈依罗马天主教。据说，乔万尼·加宾尼惊异于中国各地丰富的宝藏，在受到礼遇并被送回国时，带回了一封皇帝写给教皇、以示友好的信。他惊喜地发现中国佛教徒的宗教仪式与罗马天主教的宗教仪式十分相似，因此认为他们已经是基督教徒，或会很快成为基督教徒。两名威尼斯贵族，马修（Matthew）和尼古拉斯·波罗（Nicholas Polo）曾到访中国。皇帝亲切接见了他们，并在他们返回欧洲时邀请他们再次来访。他们确实于1274年再次来访，带来了教皇格雷戈里十世（Pope Gregory）的一些信件，随访的是他们中一人的儿子，年轻的马可·波罗。年轻的马可·波罗深得皇帝喜欢，在皇宫内居住长达17年，后几经周折才获许返回欧洲。回到威尼斯（Venice）后，他描述了他心中的中国，地大物博，美轮美奂。他的描述尽管当时备受质疑，但现在看来确实可信。

德庇时爵士曾写道："中国历史记载中有充分的证据表明当时

的中国在对外关系领域中表现出的开明和胆识是今日所不及的。直至公元1644年，满族人统治中国时，与欧洲的贸易仅限于广州（Canton）。我们已经注意到了阿拉伯游客伊本·巴图塔（Ibn Batuta）曾于十三世纪末在马拉巴尔（Malabar）西海岸所见的中国海船。根据中国历史记载，早在七世纪时，中国就曾派使团到周边各国寻求建交。该国人民一直对制造业与商业所带来的实惠推崇有加。因此，当今政权对与欧洲贸易所表现出的不屑一顾定是由于其担忧不断扩大的知名度会影响其政权的稳定。”

葡萄牙

在欧洲各国中，率先与中国开展贸易的是葡萄牙人。在于1516年发现经由好望角（Cape of Good Hope）可以到达远东后不久，葡萄牙人就来到了广州。葡萄牙政府于1520年派使团来到中国，这是欧洲国家经海路派往中国的第一个使团。极为遗憾的是，这些早期的冒险家们未能让中国人对外国人留下很好的印象。他们对财富的贪婪使得他们通常不择手段，毫不顾忌行为是否合法，但求满足对财富的占有欲。他们企图垄断这里诱人的财富，对任何竞争都极为妒忌和排斥，对任何试图与中国建立贸易关系的欧洲国家均敌意十足。是他们让中国人对与外国人来往心生恐惧和排斥。正义的力量使得那些人最终自饮自己调制的毒酒，这真是大快人心。在与中国人交往的整个过程中，葡萄牙人不明智的行为事实上给中国人灌输了对待外国人需要采取狭隘、不公平对策的思想，他们也为此尝到了苦头。如今，他们在中国的地位和影响力仅略强于几世纪前，而其他采取宽容、务实态度的国家的地位和影响力则稳步提升，这些国家的建议目前在中国朝廷内阁中影响力极大。

荷兰

1624 年，荷兰人在中国沿海的一个大岛 —— 台湾的西海岸落脚。但是，他们最终还是被中国人赶走，于 1662 年返回了爪哇。目前，他们与中国有着广泛的贸易联系，获利颇丰。俄国人早在 1693 年曾派重要使团经由陆路到访中国；1719 年，彼得大帝（Peter the Great）亦曾派遣使团到中国；1727 年，凯瑟琳一世（Catharine I）派特使团到中国，并与中国签订了协约，俄国人至今一直在中国具有重要的影响力。

英国和美国

英国人也很早就注意到了中国，分别试图于 1637 年和 1664 年与中国建立贸易关系，但均未成功。1670 年，距荷兰人被从台湾岛赶走时仅八年，英国人最终成功地与台湾岛上的中国人建立了贸易关系。

1685 年，英国人在中国沿海的两个重要城市厦门（Amoy）和广州（Canton）建立了贸易业务。之后，英国在中国的外交和对外贸易领域一直占据着举足轻重的位置。总体来讲，英国的对华政策一直是宽容、公平、值得称道的。正是由于英国的影响力和所做的努力，中国政府正在改变闭关锁国的政策，正在迅速接受其在基督教国家中的位置，目前已向对外贸易和基督教打开国门。

美国和中国的贸易开始于 1784 年，至今一直低调而迅速地发展着。美国人精力充沛、态度务实、力主和平，而英国人作风严肃、严谨，才智过人。这些互补的性格特点无疑可以让中国人对外国人有一个全面而且有价值的认识。

第四章　中国的政府机构

据人们的才学与经验，古语“两极相通，有无相生”确实所言非虚。然而，不知是否有人曾想到中美两国政府恰恰是这一谚语的生动写照。这一观点听起来似乎不可信，但我们仍拟，至少从形式上，在这两个分别是世界上最新形态的政府代表和最古老的独裁政府之间作一比较。在中国，中央政府是最高权力机构，下设省、府、州、县。各省彼此独立，隶属于中央政府，由政府统一管理。按规定，官员在短暂的任期后换届任命。地方政府对当地事务管理享有很大的自主权。诸如以上的特点在美国政府中至少部分地得以体现。然而，中美两国政府之间仍是有明显的本质性区别。

◇ 皇帝

中国政府是一个中央集权的政府，皇帝是中国法律中政府的唯一最高领导，被视为天子，奉上天的旨意统领世界。皇帝亦被称作“九五至尊”“圣上”“圣君”“天子”“万岁”等。理论上讲，皇帝至高无上，拥有无限大的立法与行政权力。然而，实际上，这一似乎不受任何限制的权威亦受约束。尽管皇帝手握生杀荣辱的大权并拥有域内的一切，尽管他被视为民族信仰的领袖并是唯一有资格祭天的人，尽管他掌管法律且可普济众生，他仍需遵守国家的相关法律，其权利亦受到民意限定。如遇设置庞大的常规军、国库亏空或官员贪赃等情况，均需征集民意。

◇ 机构设置

中国政府中，没有任何与国会或议会完全对等的机构，皇帝仅是在需要时与官员进行商议。内阁及军机处这两个机构可被视为皇帝与大臣的议事机构。隶属于这两个机构的是政府的管理部门，包括六部、理藩院、都察院、通政司和大理寺及国子监。

内阁由六位大臣组成，这六位大臣旗下的官员共分六个品阶，总数超过 200 人，其中半数为满洲人。朝廷的法规规定内阁的职责为“掌钧国政，赞诏命，厘宪典，议大礼、大政，裁酌可否入告。协办佐之”。

军机处是较近时期成立的机构，可能是中国政府中最具影响力的机构，由王爷、内阁大臣、六部的正副职官员及皇帝钦点的在京其他部门的主要官员组成。军机处成员的数量据圣意裁定。由于“红簿”中对此未作相关记载，因此中国政府这一核心机构中满汉官员的人数比例不得而知。

以上两个机构均在国都北京，其下设六部，即政府的常务职能部门，历史很久远。

1. 吏部（The Board of Civil Office）。其职掌是“掌文职官吏之政令，以赞上治万民。凡品秩铨叙之制，考课黜陟之方，封授策赏之典，定籍终制之法百司以达于部”。

2. 户部（The Board of Revenue）。其职掌是“掌天下之地政与其版籍，以赞上养万民，凡赋税征课之则，俸饷颁给之制，仓库出纳之数，川陆转运之宜，百司以达于部”。

3. 礼部（The Board of Rites）。其职掌是“掌考五礼之用，达于天下，以赞上导万民”。“凡班制论才之典，达城致慎之经，会同职贡之政，燕飨饩禀之式”皆归礼部掌管。所谓五礼，是指吉、嘉、军、凶、宾五方面的礼仪。

4. 兵部（The Board of War）。其职掌是“掌中外武职官之政令，以赞上佑万民。凡除授封荫之典，乘载邮传之制，甄核简练之方，士籍军实之数，咸归督理”。

5. 刑部（The Board of Punishment）。其职掌是“掌天下刑罚之政令，以赞上正万民。凡律例轻重之适，听断出入之孚，决宥缓速之宜，赃罚追贷之数，百司以达于部”。

6. 工部（The Board of Works）。其职掌是“掌天下造作之政令，与其经费，以赞上奠万民。凡土木兴建之制，器物利用之式，渠堰疏障之法，陵寝供亿之典，百司以达于部”。

理藩院，即朝廷处理外藩事务的部门。“掌外藩之政令，制其爵禄，定其朝会，正其刑罚”。该部门管辖蒙古（Mongolia）、科布多（Cobdo）、伊犁（Ili）及库库诺尔（Kokonor）的所有部落。这些部落被称为外藩，以区别于被称为内藩的四川和台湾的附属部落。

都察院的职责是“专纠劾百司，辨明冤枉，提督各道及一应不公不法等事，为天子耳目风纪之司”。

通政司内有六名官员，主要职责为收取各省递交的奏章及百姓的诉状并提交给内阁。百姓可通过该机构直接向皇帝申诉，女子远赴京城面圣申诉的情况并不罕见。

大理寺负责复核驳正，大致相当于帝国的最高法院。

国子监负责草拟政府文件，编撰史书及其他等。国子监监事大臣率领一众官员，官阶各异，督促他们勤勉治学，以效忠朝廷。

中国的省级官府的机构设置独特、合理，政权十分稳定，工作效率非常高。中国从地域上划分为18个省，各省进一步划分为府、州及县等。省级的官员主要包括总督、巡抚、布政使、按察使、提督学、粮盐道。每省均设布政使与按察使以辅佐总督与巡抚。府长官是知府，有时亦监管海关。州长官是知州，县长官是知县。各省军事机构完备，同时统帅陆军和海军。各省的最高军事长官是驻防将军，驻扎于省府，与总督同一官品，但权力仅限于驻扎所在地。驻防将军虽官阶低于总督和巡抚，但权力更大，与总督共同掌管军权。都统旗下的官员品阶各异，大体与欧洲或美国军政的编制相对应。

◇ 贵族

中国的贵族均为皇室成员，共分十二等，传统的五个贵族爵位分别是亲王、郡王、贝勒、贝子、公。其他的一些爵位由于罕有且拥有尊贵的特权而更显耀，某种程度上相当于欧洲的嘉德勋位、蓟花勋位及巴斯勋位等。总体来讲，中国的贵族无权、无地、无财、无公职、无影响力。皇族的成员主要有两个分支：当朝开国皇帝的嫡系后裔及其叔伯、兄弟的嫡系后裔。皇亲国戚由皇帝负责管理，并为此设了宗人府（the Clansmen's Court），主要负责皇族事务。

◇ 科举及第

中国朝廷的官员由皇帝选自社会的读书人中，通常均已取得了一定功名，大体相当于我们所说的文学学士、文学硕士和法学博士。最高级别的官员通常选自进士，即中国的最高功名，需要历经四轮筛选。因此，不足为奇，中国的大部分官员均为天资聪颖、饱读诗书之士，对朝廷的制度与运行机制等颇为熟悉。谋求官职得以升迁，必须在科举考试中获得功名。事实上，文人是中国唯一的统治阶级，社会地位最高，政治影响力最大，是位列皇帝之下但却拥有更大势力的一个群体。中国官员们草拟的政府文件涉及政府的所有部门，可以在很多方面与基督教世界内任何国家的政治文件相媲美。大不列颠与美国一些最杰出的政治家曾以大使身份到访中国；他们从这一东方国度履行使命结束回国后，均对中国外交界同行们过人的才智、敏锐的洞察力及严谨的逻辑思维表示由衷地敬佩。

◇ 地方法规

除以上所述之外，如若想完整地介绍中国的政府机构，仍需简要提及一些现实存在的奇怪现象。中国政府表现出强烈的民主，主要体现在地方的法规中。中国的每一个行政区都设有公堂，供人们办理事务，供张贴布告或公告，直抒民意。不得民心的官员或官府的不当行径有时会遭痛斥和谴责，论证严密且措辞犀利。每个行政区中均有一些由人民推举的资历深厚或德高望重的长者。他们颇有权威，通常对受邀处理的事情具有最终裁定权。在所有重要的民间或宗教节日中，他们均穿着得体，作为代表走在游行队伍的最前面。政府视这些长者为民间的元老，让他们负责所在区的事务。如法律难以得以实施的行政区发生骚乱或遇到重大事故，官府会要求这些长者逮捕肇事者并交官府严办；如不能遵照官府指令行事，长者则会被拘捕并囚禁，直至相关嫌疑人被送交至当局。行政区在任何时间均有可能召集公众大会，或通过沿街敲锣或通过张贴公示告知民众。所有人都可参加会议，会上提供烟、酒、茶，有时还设丰盛的宴席。如有文人出席会议，则平添几分隆重和权威；但会上如若对官府或官员进行批评或抗议，则鲜有文人参加。

◇ 福州的叛乱活动

1858 年春，福州发生了一次群众叛乱，反映了中国政府含蓄内敛的执政风格。福州官府以抵御西部来的叛军为由向百姓收取了大笔钱款。但经查实，该款项的一大部分竟被官府官员贪污挪用。恰在此时，朝廷的钦差在从北京至广州的途中经过福州。在钦差预定启程离开福州的当日清晨，当地官府试图借机炫耀执行保卫福州城任务的军队的英姿。但是，由于实际军力与上奏给皇帝的奏折中所述相差甚远，官府采取了以下应急策略。官府购买及租用了大批军用衣帽，并下令钦差途经街道上所有店铺的店主安排一人身着军服，当钦差队伍行经该街道时在店铺前站立。此计划可谓别出心裁，为中国人独有；但是，在执行的过程中，却遇到了意想不到的困难。人们公然反抗这一无耻的欺骗行径，其中一人坚决拒绝执行官府命令，被官兵逮捕并立刻处罚。此举即便对中国人而言，也极为过分；所有民众迅速联合抵制执行这一可憎的命令，引发了与官府的冲突，整个福州城瞬间陷入骚乱之中。所有店铺关门停业，街道上挤满了情绪高亢的民众。官府官员们被喧嚣的人群围困，不得人心的官员们被当街围攻，他们所乘轿子被砸，轿夫被打。朝廷钦差无法离开福州，人们宣称如果他企图离开则会俘获他。人们强行进入总督府，破坏家具，粗鲁地冲撞总督；公开反抗官府的行为持续了大约两天，福州城完全由普通民众控制。其间，大部分民众井然有序，即使是那些在抗议活动中十分活跃的人们也刻意处处礼貌行事，冷静而谨慎地陈述他们此次不得以之举的原因，并借此机会列举他们的苦衷与不满请官府考虑。最终，官府承诺所有参与此次暴力活动的人们均不予追究责任，同时应允即刻解决民众反映的各类问题。

中国人认为皇帝贵为天子，享有神圣的统治权。人民与当地官府间如发生冲突，引起骚乱，亲民人士会借机控诉官府，称其违背圣意愚弄、压榨百姓，以致迫使人民以此行为向皇帝控告其不忠于朝廷的罪行。但是，任何直接或公开侵害皇室特权的行为、任何对皇帝诏令有组织的对抗行为均被视为谋反和渎圣。参与该类活动的人被称为逆贼，其首领则被称匪首或叛贼。1852 年，大叛乱的传闻初传至福州时，人们谈及此举时持明显的反对态度。但是，随着叛乱活动声势的壮大，当半个中国均已因叛军的勇猛而表示臣服时，我注意到人们谈及此事时，措辞在逐渐改变，已开始显露恭敬之意。某日，就此事与一个颇有悟性的中国人交谈时，我问道："如果皇帝的地位与权力是天赐的，为什么起义军首领的谋反之举进展如此快呢？"思索片刻后，他严肃地回道："皇帝自称是替天治国，享有神圣的权力，证据就是他能在战胜敌人后统治全国。但是，如果起义军的首领能击败朝廷的军队，夺得皇位，则说明皇帝之前的话不是真的，现在治国的神圣权力被赋予起义军的首领了。"

第五章　中国的法律体系

卫三畏博士说："中国法律体系庞大，奠基者为2000年前的李悝（Li Kwei）。后世各朝根据实际需要对之前法律体系中的内容进行增补、更改或废除。如有史料记载的话，一部中国法律体系的发展变化史可以很大程度上反映出中国文明与政治的进步。"中国人十分尊重他们国家的法律法规。乔治·斯当东爵士（Sir George Staunton）评论道："所有的中国人似乎都期盼着这些法律法规以公平、公正的方式得以实施，不掺杂任何随意的成分，且不受腐败行为牵制。然而，恰恰相反，执政执法人员频繁地违反法律，这一点虽令人颇感遗憾，但确实如此。至于这些违反法律的现象是否比其他国家更普遍，目前只能基本靠推测。但同时，我们有充分的理由相信任何阶层的公然或屡次的不公正行为都会最终受到惩罚。"

李悝

◇《大清律例》

中国人将其法典称为《大清律例》（Ta Tsing Liuh Li），意即大清朝法律条例，内含该帝国所有已颁布实施的法律。法律法规共分七类，即名例律（General Laws）、吏律（Civil Laws）、户律（Fiscal Laws）、礼律（Ritual Laws）、兵律（Military Laws）、刑律（Criminal Laws）及工律（Laws Referring to Public Works and Ways），共436条，合称为律（liuh）；律下附有例（li），即定期编辑修订的单行法规，用以限制、解释或更改律。与最初的法规相比，现有的例在数量上增加了许多。每部法规均附有例，例拥有相同的法律效应。没有任何获权出版以供参照的省级或最高司法机构所审案件的记录，尽管主审案件的司法机构存有相关记录且有时会印制案件审理记录以供官员参考。该法典每5年由朝廷再版一次，其中1799年版中收录了大量案件审理记录与相关评论，来阐释法理及其实务。

这里，我们仅能对这一法律体系作简单介绍。

法规分类

名例律共47条，涉及整部法典在编撰和应用时所遵循的原则和概念定义等。

吏律共28条，分为两卷，分别与官吏职司和官吏应遵循的办事规程等有关。

户律共82条，涉及户口登记、继承、不同社会阶层间通婚、谷仓和财产保护、抵制和惩罚走私、遏制高利贷及关于市集监管的内容。

礼律共26条，涉及国祭与庆典、祭祖和与宗教教派相关的内容。

兵律共71条，涉及皇宫保卫、部队管理、边关卫戍、厩牧掌管与邮驿事宜。

刑律共11卷，170条，是整部法典中最重要的部分，内容涉及抢劫、叛国、不忠、谋杀、口角与打斗、言语辱骂、起诉、不孝，以及诬告、贿赂与腐败、造假与欺诈、乱伦与通奸、潜逃与逮捕、拘禁与处决及其他犯罪行为。

工律共13卷，涉及非法营造、修堤、官府建筑建造与维护和运河、城堡、城墙、陵寝、谷仓、工厂等内容。

外界评论

《爱丁堡评论》（Edinburg Review）的一位作者曾称赞过这部法典，称"从《阿维斯陀经注解》（Zendavesta）或《往世书》（Puranas）读至这部中国的法典，仿佛从黑暗步入光明，从胡言乱语的蒙蔽中走向豁然开朗。尽管这些法规在很多细节之处琐碎冗余，但我们几乎找不到一部内容如此丰富、体系如此一致、结构不复杂、观点不偏执、内容杜绝虚构的欧洲法典。"卫三畏博士谈及此时，说道："综览中国的法律，从其实施的效果和社会现状看，会感到该政府远优于任何其他亚洲国家的政府。当然，这一非凡的法典也有几点不足。法典中对国民所享有的自由和权利未作说明。政府中央集权，但并不掌握实际的兵权，它借助一些社会道德及义务规约来促使人们遵守法律。但是，需要指出的是中国没有讲道坛或安息日学校来宣讲这些规约或依据更高级别的法典来执行规约，大多数情况下主要参照现行法律。该法典也很注重琐碎的细节，试图为每一可能的偶发事件立法。这种做法必定给法官在审理案件时带来困惑，因为人的行为千差万别。目前，有很多已过时的、表意不清的法规，旨在为起诉那些为泄私愤而违反法律的人提供依据。尽管以往的实践经验证明应该废除这些法规，但怨恨和贿赂行为的存在很容易使得它们重新得以启用。

法律似乎主要是以警示为目的，除对谋反罪的规定外，该法典整体来讲无法被冠以残酷之名。真正拟实施的惩罚没有法规规定的严厉。皇帝有赦免权；如他所称，是超越法律的仁慈。此赦免之举道理很明显，具有普遍性，且颇有成效。中国的法律并不完全没有意义，尽管执行过程中的法律效应不一。有些官员仁慈，有些官员严厉；有些省份的人民勤勉温顺，有些省份的人民生性不安分。因此，需要像观察树木的果实一样，通过审视整个社会的社会状态，才可对政府的管理状况做出公允的评价，而不应像游客与作家一样经常仅通过一些镇压与反抗的个案而对整个社会做出臆测。”

◇ 执法情况

很明显，中国政府一直致力于建立长久的、公平公正的法律机制。为此，官员仅从社会有识之士中选择，满汉各半数，彼此牵制、揭发；任何官员均不得在本省任职，职位定期轮换，不得在同一职位任职超过 3 年或 4 年；任何官员均不得在所辖地内婚配，占有土地，聘用其子、兄弟或近亲在其下就职。皇帝委任御史负责纠察官邪、肃正纲纪。皇族成员参加在北京举行的会晤，就社会不端行为或所关注的事宜进行评论，向皇帝及朝廷进行汇报。在省级或较高级别的政府部门中均有严格的监察体系。另外，政府部门每 3 年会编制一份所有官员的功过目录，以供皇帝审阅。《大清律例》规定：“凡有司牧民之官，平日失于安抚，非法行事，使民不堪，激变良民，因而聚众反叛、失陷城池者，斩！”这些规定似乎完全可以实现预期目的。

加伯利埃·麦哲伦[1]（Gabriel De Magaillans）在华居住近40年，在此类问题上应颇具权威，他关于这一话题的观点有相关记载。他说：“立法者似乎没有遗漏任何内容，已预测到了所有可能的困难。因此，我深信如果这里的官员可以廉洁执政，秉公行事，世界上没有任何一个国家可以管理更有序，人民更幸福。”

官场腐败

中国人谈及这一话题时直言不讳。朝廷的一名监察御史曾说：“很多地方官员默许、纵容抢劫与欺骗行为而毫不感惧怕或羞耻。以前，偷马的人总是东躲西藏，现在却明目张胆地牵着偷来的马到集市上销赃。如遇生性懦弱之人，小偷常会行窃后勒索他们用钱将所失物品赎回。官员们若得悉此事，则会认为无足轻重，反而责备受害者欠谨慎。有官府的逮捕令才可拘捕小偷；当差的在受命逮捕小偷时趁机谋取私利。在皇宫附近的一个村庄里，有很多强盗，行迹隐蔽，夜间二三十人结伴外出，手持武器。他们频繁地惊醒当地居民，破门而入，在酒足饭饱之后对受害家庭进行威胁，索要银两。如若得不到银两，则掠走衣物、首饰或牲畜后离开。他们还频繁地破窗而入进入店铺，索要钱财，如若得不到则会用手中的火把将店铺引燃。如果店家

[1] 加伯利埃·麦哲伦（Gabriel De Magaillans），汉名安文思，系葡萄牙籍入华传教士。他于1648年（清顺治五年）到达北京，长期生活居住于中国。著有《中国新史》，由他以葡文写成，原名《中国的十二特点》，是西方早期汉学的奠基作之一。全书共分21章，记述了中国的历史与明末清初时的社会状况，特别对中国社会的礼仪风俗、城镇特点、官僚贵族体制和皇城建筑等作了较为详尽的记述。

捉住几人并送交官府，官府只会将这些人拘捕入狱，毒打一顿，不足半月便会纵容他们逃跑。”另外一名监察官谈及捕快时说道：“他们一拿到传唤证人的传唤令，便会提出让原告与被告支付他们的费用，从十两银子到几十两不等。文书类当值拿到的银两是跑腿官差的两倍。如果他们的要求得不到满足，他们便会使出各种惹人烦的伎俩。如遇到周围有财大气粗之人，他们定会纠缠不放。另外，他们还会伙同行骗的讼师起诉百姓，对他们进行威胁和恐吓以勒索钱财。”

这些行为会在人民的内心中留阴影，可想而知。亲眼目睹了如此公然地违背正义的行径，人们对与政府官员的接触均心有所惧，一心琢磨着如何远离官司；只要可以不落入这些政府官员身旁忠实的奸吏们手中，几乎愿意付出任何代价。

官场丑闻

下面这件事为笔者亲眼目睹，与此话题相关。福建省内的兴化（Fing-hua）位于福州南约 50 英里，这里有黑旗和白旗两派，两派间宿怨已久。两派间频繁的冲突使得该地长期骚乱不断，生意屡遭中断，庄稼收成无保证，甚至旅客来此有时会遇危险。政府屡次试图干预，但收效甚微。确实，官府官兵的到来曾使得对立的两派针对共同的敌人而暂时联合起来。1850 年至 1853 年，派别间战争频繁。一切陷入混乱，当地政府完全无力控制民众以实施法律。在这种情况下，该省的副都统率官兵进入该动荡地区，经约四个月苦战成功返回福州，宣告好战的两派现已彻底平息。大功告成的喜悦感尚未减弱，就有传闻称此次行动之所以能力排众难是因为使用了最为卑鄙的手段。简言之，纷争中的两派曾向总督行贿，使其撤军并向皇帝呈送了一份冠冕堂皇但完全失实的报告，报告称朝廷的派军获得了全胜并已彻底解决了该地的争端。掌握此案事实的一名乡绅在一份奏折中向皇帝奏请了此事。皇帝收阅奏折后，立即派一名钦差赶往福州进行调查。钦差抵达福州后，副都统接待了他，并迅速依照其意愿初步安排了相关调查事宜。副都统派人传唤了递呈奏折之人，对其进行威逼利诱，要求他写一份“自愿认罪状”，承认上呈给皇帝的奏折中针对总督的指控纯属子虚乌有，总督品行端正，为人正直，奏折中对总督的诽谤没有任何依据，因此恳请皇帝降罪并对自己严惩。令人意想不到的是这份“自愿供认状”堂而皇之地附在钦差上呈给皇上的奏折中。很快圣旨下达至福州，宣布之前对总督的各项指控不实，并命立刻将上呈奏折之人流放至北部边疆。

结束本章之前，还有一件相关的事件需要提及。欧美人最初来福州时，相关各国与中国的皇帝之间签署了协议，对相关事宜有所规定。但是，该城中的一些人受到了先前在广州时的陋习影响，宣称不能允许外国人住在城内。英国领事未能在郊区物色到合适的居所，而在城内一座被称为乌石山（Ushih-shan）的山上找到了一处颇合心意、景色宜人的住处，因此立刻前往该处。此举激怒了福州的乡绅，他们不停地向皇帝递呈抗议书，抗议外国人侵入城区的无礼行为，且言辞急切、理据充分。他们声称外国人居住在城内的山上对该城的贸易有极其不利的影响，会妨碍城市的健康发展，而且会给当地人民带来极大的伤害。在屡次奏请下，皇帝最终派一众官员前往福州调查此事。调查组抵达福州后，发现英国领事已在乌石山上落脚，山确实在城内，当地乡绅急切期望他搬离此地。但是，他们很快证实试图将其赶走毫无作用。此事颇为棘手，但是中国人可急中生智。福州史志中记载现位于城内的乌石山古代划归城外。调查组得悉这一史实后即着手草拟给皇帝的奏折，郑重其事地称经调查发现民众们所奏基本属实，英国领事确实居住在乌石山上，城内确实有一座乌石山，但是，奏折中继续写道，“我们发现福州有两座山均称为乌石山，一座在城外，一座在城内，英国领事所在之山为城外的乌石山。”

第六章　宗教：儒教

◇ 三种宗教信仰

可以很容易地将中国人的信仰分为三种：儒教（Confucianism）、道教（Taoism 或 Rationalism）及佛教（Buddhism）。这一分类方法充分、无误，与中国人对这一问题的观点相符。如果中国人被问及他们国内有几种信仰，他们会毫无例外地回答有三种，而且列举顺序与上述无异。但读者并不可据此作出结论，认为中国人可根据其信仰分为三大社会阶层。以信仰为依据对中国社会进行阶层分类是完全不可能的。我们可以肯定无误的是在中国有三个社会群体，各自主要受到儒教思想、道教思想和佛教思想的影响。固然如此，所谓的儒教信徒会从道教信徒与佛教信徒处借鉴任何对自身有益的思想与做法；道教信徒则会从儒教思想与佛教思想中吸取营养；佛教信徒亦会在孔子与老子思想的启示下充实圣佛的思想教义。因此，我们得出一个貌似矛盾的结论，即一个中国人内心有三种不同的信仰。

儒教

儒教主要倡导和阐释的是修身增德、从政治国及经世济民的思想，旨在教导人们需自律，子女需孝顺父母，百姓需尊重并遵守社会的法律法规，需尊敬并服从统治者的命令。所有这些理念及相应所涉及的职责均离不开一个可称为“仁”的核心概念。因此，儒教思想从形式和内容上讲是一个道德哲学的理论体系，孕育了庞大的依存于政府机构的政治经济和社会机制。儒教只关注为社会和政府培养合格人才，其所宣扬的教义并不具有神圣的权威性；对人类的起源、未来的命运和是否臣服于其他更强的力量等相关问题均未有论述，而且对长久以来困惑人类心智、纠结于人类普遍而迫切需求的问题均保持缄默。

道教

道教几乎将人神化，使其高居于天、地与阴间之上。人受到推崇，天地间所有力量的价值均取决于它们是否很好地履行了存在的使命，即服务于人。道教思想原以纯粹的超验主义为基础，似乎，儒教思想过于强调“有为”，而道教思想太过注重“无为”。儒教思想致力于以人类的权威与动机为基础建构庞大的社会秩序与政治体系，但基础却不够牢固；道教思想初始时恢弘豪迈，却突然之间转向炼金术及一些骗人的把戏。

佛教

佛教与儒教和道教均不同。它轻物质而重精神，声称可以满足人的精神追求。佛教宣扬的灵魂转世和善恶因果报应的思想对大众具有强大的感召力。佛教所信奉的佛被赋予崇高的品质，颇令人费解。佛教的仪式十分壮观，信奉的菩萨为数众多，形象华美。值得称赞的是，佛教颇具吸引力，令人向往，可以点燃信徒心中的激情。它为心灵开辟了一方广袤无垠的冥想之地，对人类心灵给予了某种关怀与慰藉，这一点是另两种宗教所不具备的。从以上简要的描述中，我们可以看出这三种宗教思想互相补充，自此可以很容易地理解为何一个人心中可以有三种思想共存且它们又彼此相扶而非互相毁灭。以下我们将更为详尽地介绍中国的这些宗教思想。

◇ 孔子

从之前所述可以看出，儒教思想是一个主要论及伦理道德与政治的哲学流派而非一种宗教信仰。然而，它所具有的一些特点使将其确定为中国的一种宗教的做法又不失其合理性。儒教思想的创始人是孔子，他与自己的门徒将儒教思想编纂成籍。孔子（在耶稣会信徒中的拉丁语称呼是 Confucius）约于公元前 550 年出生于鲁国，今属山东省境内。孔子是一名将官之子，是鲁国的一员重臣，大半生均居官位。他是一个改革家，试图祛除政府与社会中存在的弊病。当所提建议未见成效时，他辞去了官职，以表忠心。孔子以淳朴、谦虚、正直而著称。他的改革尝试非常成功，共有 3000 门徒，其中有 72 位尤为出众，他们忠于老师，谨遵师训。孔子终年 73 岁。马礼逊博士（Dr. Morrison）谈及孔子的性格时，讲道：“他终其一生从未离开过政治，甚至他的伦理观亦主要涉及社会职责，带有政治色彩。家庭是他心中‘家国天下’的原型，他思想体系的根基不是带有虚幻色彩的独立和平等，而是依靠和顺从，一如子女对父母、年轻人对老者的情感与态度。这些思想在孔子的作品中均有体现，体现在庄严的仪式中，体现在貌似无足轻重的礼节中。很可能正是孔子思想的这些特点，使得孔子在从古至今数世纪的时间里受到历代中国政府的推崇。这些思想通过早期灌输成为影响青少年的主要思想。立志入仕的读书人、欲在朝廷谋求虚职的家境殷实之士均需倡导和践行这些思想。中国之所以能够使这个世界上最大的人口群体保持团结，很可能主要归功于这些思想对中国人内心世界的影响。”

孔子对宗教话题鲜有提及。的确，他承认他对神知之甚少，且认为有关神的事超出了人类理解能力范围。孔子认为我们应该关注那些我们认为目前应该做的事情，而非煞费苦心地去思索未来那些我们一无所知的事情。孔子曾讲道："未知生，焉知死。"孔子自认为是奉上天委派来倡导回归古代君王思想的。他曾在身陷危难之时说道："天生德于予，桓魋其如予何。"他还曾说道："君子有三戒：少之时，血气未定，戒之在色；及其壮年也，血气方刚，戒之在斗；及其老也，血气既衰，戒之在得。"孔圣人问道："鄙夫可与事君也与哉？其未得之也，患得之。既得之，患失之。苟患失之，无所不至矣。"中国的刑法典中规定子女与近亲凡隐瞒家人所犯过错者不予追究。很明显，这一规定是基于孔子"父为子隐，子为父隐，直在其中矣"的告诫。一次，他在答门徒时曾讲道："获罪于天，无所祷也。"他的另一思想观点是"生死由命，富贵在天"。

这些思想对中国人性格的形成有着全面而深远的影响。中国的官员和文人阶级常被认为是出色的儒家学者，但其实，中国所有的社会阶层都受到了孔圣人思想的重大影响。无论在家中、书院、讲堂、公堂抑或是衙门，孔子思想都被奉为治国论道的权威思想。

◇ 福州年度祭孔大典

以下描述出自福州美以美会（the Methodist Episcopal Mission）的牧师万为博士（Rev. Dr. Wentworth）之笔，生动记录了每年祭拜孔子大典时的情景：

"福建省境内有六十三座孔庙，位于福州的十座有两座在城内。其中的一座孔庙于八九年前被焚毁。后经官员们耗巨资恢复重建后的庙宇气势恢宏、庄严肃穆，是城中最好的建筑之一。据入口处的匾额记载，重建庙宇耗资约 5 万美元。该庙宇的建筑结构与普通的中国建筑并无二致，为一层的空心四方体结构。院落中央有宽敞的庭院，两侧均有房间。主庙在最末端，与入口正对。精美的门廊由高大的柱子支撑，室内的屋顶为格子图案装饰，支柱则为高大牢固的花岗岩制成。屋内并未供奉神像，但是鎏金的神龛中摆放有祖先的牌位，正中央是孔子的牌位，两侧是孔子最著名的十二个门生的牌位，每侧各六个。庭院两侧的房内摆放的是孔子另外一些不太知名的门生的牌位，约七十个左右。

对这位伟大哲学家的祭拜活动由文人垄断。学而优则仕，这些官员是主持祭拜仪式的唯一人选。祭拜典礼每年举行两次，分别在二月和八月。典礼在黎明前举行，严格禁止普通民众参加。外国人在任何地方都很难有机会观看典礼，我们认为在这样一个中心城市的主要庙宇中更是从未有过。我们一行几人决定如果可能的话一定要观看典礼。虽然在祭拜典礼举行的前几日，就已很难进入庙宇，但是会有很短的一段时间向满怀好奇的公众开放。1858 年 9 月 10 日下午，英国圣公会传教士方理牧师（Rev. M. Fearnley）、美部会（the American Board Mission）的卢公明牧师（Rev. J. Doolittle）及来自美以美会的笔者前往观看典礼的演练仪式；地点在一座古庙中，不是举行正式典礼时的庙宇。所有的演员均身着盛装，按照指令进行演练，以确保次日清晨正式典礼时不出现任何纰漏。我与卢公明先生在位于城内的方理先生家中借宿。次日凌晨 3 点，方理先生叫醒我们后即刻启程。领路人手提灯笼，领着我们到达典礼举行地，一路上除了犬吠声十分安静，没有任何行人。巡夜人见到我们时满面诧异。我们早到了一小时，但也比晚到五分钟要好。官员们尚未露面，我们趁机四处参观，无人打扰。后来，传来了一阵音乐声和呼喊声，是要员们到了。他们首先要将我们这些外国人清理出举行圣典的场地。一位高官前来要求

我们离开，甚至恳求道：‘如果你们在教堂做礼拜，会希望我们进入教堂打扰你们吗？’

我们回答道：‘当然不希望。但是我们来此并不是想打扰你们，只是想观看祭典仪式。请允许我们站在外面门廊处其中的一个入口旁，在那里可以看到室内和室外的情况。’他答应了我们的请求，却使得官员们的仆人们颇为不悦，因为他们都被赶至门廊外而无法观看祭典，尽管他们坚持认为他们自己与那些‘外国妖怪’拥有平等的权利。他们观看祭典的心情比我们更急切。戴着圆锥形帽子的侍从执法官冷酷地说道：‘你们不是经常见到这些人吗？’同时抽动着手中的长鞭，长鞭发出的声音令人惧怕。看台上被清场，仪式开始。一排排俗丽的灯笼和一支支炫目的火把驱散了夜的黑暗。庭院中挤满了官员和他们的仆人。获特许来旁观的文人们和他们的随从也挤在其中。在庙宇正中央的大门前，在门廊上，有一群演奏长笛和竖笛的乐师，还有一群身着盛装的男子。在庙外乐师的伴奏下，庙内的乐师们在吟诵赞美孔圣人。只听得庙内传出一声大喊，庙外的传令官随即呼应，这表明一切准备就绪。庙宇中香烟缭绕，两三名官员身着官服，头戴官帽，由侍从带路登上台阶进入两侧的大门，屈身依次向神龛方向走去，从随从手中接过各种物品敬献孔子及其随从。这一仪式连续重复三次，官员们出殿后再次进入时每次重复这一庄严的仪式。敬献的物品是牲畜和蔬菜。在神龛和专为孔子设的祭坛前有一张宽大的桌子，桌上置整只剥皮的牛，两侧是一头猪和一只羊。祭坛上是装满花的花瓶和盛满已烹好的祭祀品的盘子。这样一来，孔圣人可即刻进食，亦可取一只牲畜来腌制储存。在孔子十二个门生的神龛前有猪和羊，但是外面的七十门生只能享用谷物和蔬菜。祭典前我们有机会看了看器皿，器皿为瓮状，每个器皿内盛一两夸脱的稻、黍、小麦及其他谷物和蔬菜。器皿的口部巧妙地用纸糊着，纸上面撒着一层薄薄的谷物，看起来仿佛整个器皿都装得满满的。发现这点后，我们颇感震惊，因为新教徒（Protestant）一直崇尚真实。一个小男孩好奇地用手指将纸捅破去探明谷物层到底有多厚。当询问起为何采取这种颇具天主教色彩的行为来欺骗这些已故之人时，我们被告知这种'形式和内容'均是必须的。如果该省六十个庙宇中的器皿都满盛谷物的话，如果全国其他省份均采取这种做法的话，已故的圣人或许会不知该如何处理如此多的谷物。但是如果每个器皿中只是装有浅浅的一层谷物，他可以不费力气地加以处置；尽管人们认为所敬献的这些牛可以供孔圣人卖牛肉了。他的这些勤俭可嘉的信徒们熟知这点，特意敬献瘦母牛，此残酷之举颇有些法老风范。孔圣人即使把牛肉扔给狗也不会心存愧疚。

祭典中，一名官员在距神龛前方一段距离处跪下，以示敬意，大声吟唱赞美词。曲调通常很简单，只包括四个音符，不断重复，即：

最后敬献的是衣服布料，为大块粗糙的丝绸。首先在庙中由人敬献，之后拿至庭院中烧掉，如此便成为另一个世界亡灵的丝绸。佛教徒通常敬献的是画在纸上的成衣，他们将画着帽子、外衣及裤子的一张张纸烧掉，认为如此一来它们会变成另一个世界中真实的帽子、衣服和裤子。这些衣物尺寸一定需很小，它们不会在火中增大尺寸，已故之人也不会变成小矮人去穿这些衣服。官员们给孔子送去的是衣服布料，因此孔子自己需承担制衣费用。尽管如此，孔子却可以请最时尚的裁缝按照最新的款式来设计衣服。我从火中取出了一块布料，试图探明其到底是丝绸还是纸。因为我们已在他们的祭典中发现了一令人吃惊的欺骗行为，所以此打着“布料”幌子的举动或许又是所谓的‘形式与内容’。在相同的‘形式与内容’的指引下，天主教徒在教堂中使用笨重的蜡烛，在做礼拜的一小时中借助其顶部储存的少许油来照明。中国人或许也会这样去欺骗撒旦（Satan）。回过头来，一旦某人死去，他的亲戚便会在火中给他送去最薄的锡片或铜片，甚至或许是棕色的纸。他们认为如果所烧的物品不转化成真金或真银，亡灵们永远不会辨别真伪。黎明时分，多云的天空中泛出微微的亮光，祭典结束了。火把突然间熄灭，官员们和他们的随从们逐一退场。”

第七章 宗教：道教和佛教

◇ 道教概览

道教与儒教同时在中国形成。道教的创始人为老子（Lau-kiun 或 Lautsz），于公元前603年生于楚国（the Kingdom of Tsu），今属湖北省（Hupeh）境内。他仅有一部哲学著作留世，称为《道德经》（Tau-Teh-King 或 Memoir on Reason and Virtue），收录了他主要的哲学著述。有些学者认为中国的修道之人（Rationalists）与波斯的琐罗亚斯德教教徒（Zoroastrians of Persia）、朱迪亚的艾赛尼派（Essenes of Judea）、早期基督教的诺斯替教徒（Gnostics of the Primitive Church）、底比斯隐士（the Eremites of the Thebaid）有一定联系，表现出一些相似性。老子说："道生一，一生二，二生三，三生万物"及"无名，天地之始"。他还说："有物混成，先天地生。寂兮寥兮，独立而不改，周行而不殆，可以为天地母。"老子的思想在很多方面与希腊哲学家芝诺（Zeno）的思想有相似之处。他们都认为遁世与冥想是净化人心灵的最佳方法。因此，人应该克制激情，思想不应为外物所扰；灵魂是物质的高级表现形式，可期待着永生。

老子

道教徒原本为数众多，颇具影响力。他们尊崇的偶像很多，他们心中最大的神是玉皇上帝（Yuh-Hwang-Shangti）。道教的道士将头发在头顶盘成一个发髻，发髻中插有一根大簪子。他们生活在寺庙中，在寺院中耕种田地，或是在乡间游走、兜售符咒和仙丹，生计不稳定。他们研究占星术，声称可与神灵往来，并在书中鼓吹如何神通广大。

◇ 佛教概览

佛教约于公元66年由印度（India）传入中国。汉朝（the Han Dynasty）的第八代皇帝，明帝（Ming-Te），或是由梦生念，或是读到了孔子著作中“西方之人有圣者焉”的名句而感，派大使前往西方寻找智者。大使到达印度后结识了佛教徒，并携佛教徒返回中国。如此，佛教在皇权的推动下传入中国，并受到了之后数代君王的眷顾。佛教在中国迅速传播，现在遍处是佛教寺庙，佛教信徒为数众多。佛教为三位一体的体系。佛教徒称“一佛有三身”。佛教的诸种圣典主要是从梵语中（Sanscrit）的巴利语（Pali）原文译成汉语的。佛教中的五禁是：一、不杀生；二、不偷盗；三、不邪淫；四、不妄语；五、不饮酒。佛教的核心箴言之一是“万物皆空，所见皆虚”。对于佛教徒而言，涅槃是幸福的最高境界，是佛教徒的终极理想和愿望。佛教与罗马天主教（the Church of Rome）在宗教礼仪方面有鲜明的相似处。比如，信徒们均身着特殊服饰，削发，禁欲，声称生活简朴清贫。同时，他们使用念珠、蜡烛、香、圣水、钟、肖像和舍利子。他们信奉赎罪说及所谓的奇迹神通，他们不停地重复着那些难以理解的祷告词。他们圣坛的摆设类似，且对神的称呼相似，比如“观音菩萨”（Goddess of Mercy）、“天后”（Queen of Heaven）及“圣母”（Holy Mother）。

成为佛教徒的人有很多种背景。有些人由于某种原因想远离尘世，比如遭遇毁灭性的钱财之灾、失去了挚爱的朋友、失落至极或心怀悔恨。他们遵照规定起誓、着装，瞬刻间即成为佛教徒。另一些人在幼儿或孩提时代被佛教徒收养，一直接受培养，成为佛教的接班人。佛教的寺庙为数众多，所在之地风景如画，视野所及之处可称是中国最美丽的景色。

◇ 鼓山寺院之行

距福州城约 6 英里处的山上有一座著名的佛教寺庙，地理位置引人入胜，是福州外籍人士协会成员的疗养之地。读者或许会对以下描述感兴趣。

1852 年 8 月 4 日黎明，我们一行前往这座寺庙，包括圣公会的温敦牧师（Rev. Mr. Welton）、麦利和夫人（Mrs. Maclay）、小埃伦（little Ellen）和我自己。当地的一只小船足以供我们出行，小船的地板为白色，十分干净。一个强壮的中国人平稳地划着船；他的妻子一手掌舵，一手划桨，与丈夫相呼应。另一只大小一致的船载着我们的行李。我们的船顺水势而行，经过了大石桥的桥拱处，穿梭在中国式平底帆船间；之后看到了高高在上的货轮，一路平静而顺利地驶向下游水域。一小时后，我们抵达了泊船处。在我们周围很快聚集起了一群村民，其中有些人好奇地上下打量着我们，另一些人则对我们的行李十分感兴趣。一些人满怀急切地出价要把我们的行李运送上山，他们所报的最低价据我们所知已是正常价格的五六倍了。我的男侍从为人值得信赖，他会处理这件事的，所以我们径直向前走。下了船后，我们穿过几块稻田，很快来到了山脚下一座古老的寺庙处。寺庙四周为高墙所围，掩映在浓密的大榕树下，外界几乎看不到。沿途有凉亭，旅客如感疲惫可落座、歇歇脚，一条清澈的小溪从座位旁的石墙中流出。周围有很多石匾额，上面刻着很长的文字。但是，我觉得我们的水平一时无法深入理解行文采用的古体文风所言之事，所以暂时不予深究。女士们乘轿子登山，男士们只能靠肌肉和体力了。山路大约有十英尺宽，由大块的扁平石头铺就。在不太陡的山坡处，路较平坦；在几个陡峭之处，是必须借助台阶的。高处空气十分清新，可以俯视下面的平原美景。在阴凉处驻足赏景是件颇为惬意的事情。宽阔的河流逶迤而行，几分钟前我们的小船才从此刻平静的水面上行过。低低的河岸上，农民们手扶犁在近水一侧劳作。主河道旁侧是一些小溪流，绕过无数个低矮的小岛后又错落地流回主河道。以这条河流为水源的运河为数众多，穿越平原，为农民们进行灌溉提供了便利。村庄虽然掩映在高大的榕树下，但从各个角度均可看见。在运河沿线，在山坡上，有很多果园。在西边远处，我们看见了居住着一些传教士的那座山。山的右侧，平原的另一端即是城区。西边更远处视野所及是绵延的黛色群山，陡峭的山峰高耸入云。向北是同样的山峦之色；向南则是“五虎山”（Five Tiger Hills），更远处是呈盘旋状的荒山，山峦临海，呈现出万峰竞相之态。但是，我们不可在此逗留；时值八月，第一缕阳光已经斜射在路上，一会儿太阳炙烤会让我们吃不消。

沿路的三个凉亭，彼此相隔距离不等，登山途中我们在此亭受遮阴，就座歇息。前行途中，树木以松树居多，树荫宜人。在最后一个凉亭，一个颇具谄媚之态的僧人一再坚持让我们喝杯茶，品尝一些干果，为此他期待着可观的报酬。外国商人及官员等出手阔绰，但如遇到传教士的话，恐怕我们的主人就收入甚微了。我们拖着沉重的脚步行走在蜿蜒的小路上，越往上走，就越看得清脚下宽阔的平原全貌。阳光充足，远山、宽广的河流和城市都沐浴在其中。形状各异、大小不一的小船行驶在水面上。清晨时，年轻的村民穿过狭窄而蜿蜒的稻田小路去劳作。女人们带着篮子、伐木刀和耙子去山中寻找可取火的东西。农民带着犁，手中握着牛鼻绳，牵着他忠实的水牛缓步去劳作。村中大树遮蔽，绿树成荫；如果我没看错的话，树荫下，一群群少男少女在运动嬉戏。

苦力们走得很快，我们也赶紧向前跟上。可以肯定，他们已经到了山顶，寺庙就在山后。眼前的路略微有些呈下坡势，绕着峰体的南部而行，峰顶耸入缥缈的云间。快步行走了几分钟后，我们进入了溪谷。此处林木茂密，耳边可听到流水声。原来是从高处山涧流下的一条小溪，溪水由人工引至寺院，在满足寺院用水之需后向下流入平原，流入闽江。从离溪谷不远处，传来了低沉的钟声。在路两侧，低矮的古墙上布满了藤蔓。我们路过了几个山门，山门的门柱和楣梁上均有刻字，笔力遒劲，想必含义深刻。但是由于苦力们步伐矫健，我们也疲惫至极，所以未停下脚步细读。临近寺院处，景色愈发美丽迷人。沿路是我们刚才提到的那条蜿蜒的小溪。头顶是高大的樟树，树干粗壮，枝繁叶茂，给我们投下了一大片树荫。健硕的松树颇具几分棕树之姿，高大的树端宛如主人竖起的旗帜。溪谷中山坡上浓密的竹林，与小溪毗邻，银光熠熠，一片雅致之景。树荫浓郁，土壤肥沃，矮树丛因此也十分繁茂；簇簇可爱的野花从破旧的墙头或者枝上垂下，新近萌发的嫩芽与花骨朵儿也在脚旁探头探脑。高耸的山峰就在眼前，我们已看到了宽阔的瓦屋顶，经年的雨淋日晒使得屋顶颜色黯淡。想必寺院就要到了。又走了几步，恢弘的寺院院落完全映入眼帘，愈发洪亮的钟声更平添了几分肃穆。开阔的庭院中，阳光充足。迅速穿过一片开阔地后，我们进入了第一组寺庙建筑之中。

正如中国其他有记载的所有地方一样，这座寺院的历史语焉不详。根据记载，三国时期（约公元190年—公元317年），此处被选为皇帝的避暑行宫。当时，佛教很受尊崇，有一位皇帝将此地赐予佛教徒们作为寺院之用。第二种观点是，宋朝时（公元950年—公元1280年），一位朝中文职大员在此处为佛教徒兴建院舍。另外一种观点也认为该寺院可追溯至三国时期。据说，朝中一名大员在父亲去世时选中此地作为墓地并亲手筑墓。他放弃了官位和荣耀，在附近建了一个小屋，守护着至爱的父亲，伤心不已。皇帝闻悉此孝举后深表钦佩，耗巨资修建了这些建筑，交予佛教徒看护。还有一些人对以上观点均不赞成，认为是一些不可思议之事的发生将佛教的传教者吸引至此。他们所津津乐道的一些神奇之事据说已作为寺院史为人们所熟知。

各位如果有兴趣的话，下面让我们来看看这些寺庙建筑。无论该寺院的历史有多么悠久，眼前的庙宇楼台一定是很近一段时期的建筑。事实上，据该寺院院志记载，这些建筑曾两次整体或局部地遭受火灾毁坏。尽管我们可以不接受这些观点，可以不赞成中国人所使用的易损毁的建筑材料，但是我们不得不接受这一事实，即现有的这些坚固牢靠的建筑应当为近代建筑。

该建筑群占地约一英亩。在中心地带，从前至后共有3座大型佛殿。彼此之间有宽阔的庭院相隔，院子为石头铺就。主建筑的两侧有供僧人及访客居住的房间，还有小型佛殿、藏书阁等。我们注意到这些建筑高仅一层。总体来讲，牢固结实，建材与质量均为上乘。同时，庭院和房间均干净整洁，使人不禁对僧人心生好感。

如果更为留意这个建筑群的主体部分的话，就会对其更为赞赏。主体建筑朝南，进入寺院后，首先映入眼帘的是之前提到的三座佛殿中的第一座。该佛殿进深约30英尺，殿面长度约为120英尺。中间约30英尺宽、50英尺长的地带，供奉着神像，其余地方摆放他物。这里有6座大塑像。入口处正对方向是一尊坐姿的佛像。佛像底座距地面约5英尺。塑像为砖与水泥建成，表面鎏铜。在入口处的两侧各有两尊塑像，高约10英尺，相向而立，间距恰好是佛殿入口的宽度。这四尊塑像代表佛的四大天王，即“风”“调”“雨”“顺”。“风神”右手伸臂持宝剑，左手屈臂向前，仰手，瞋目而视，面显忿怒相，以摧破魔障，息灾除难。他身形直立，脚下踩着一黑色小鬼，面目狰狞，代表邪恶。“调神”面露悦色，俯视众生，手持琵琶，虽拨动琴弦但凡人可能无法听闻。他脚下亦踩着一黑色小鬼。“雨神”手持宝伞，以期雨水降临。“顺神”左手抓着一条挣扎中的蛇，右手前曲向上托着从蛇腹中取出的宝珠。这一形象使我觉得颇为有趣。《圣经》中曾提到过一只丧失了灵魂的蛇，有人“粉碎了蛇头”。在面前的这尊佛像中，我看到了一些与这些真理十分明显的相似之处。很难知晓这尊佛像的准确寓意，因为僧人们自己似乎对此也不清楚。他们认为这条蛇经千年修行后修得了这颗宝珠，人无法得到这颗宝珠，而这尊神却做到了。如果将佛教与基督教做比较，领悟到的一些思想颇为有趣。面前这尊佛像所蕴含的意义来自何处？它会不会是古老的东方国度在耀世的真理中发现的一道光芒呢？既然佛教源于印度，我们自然应该去印度寻根探源。那么佛教于何时在印度产生的呢？基督教徒会立刻想到“上帝的神谕”（Oracles of God）。有充足的证据使我们相信印度神话传说中讲述的真理是受惠于《圣经》。哈库尔特（Harcourt）在他的《洪灾论》（Doctrine of Deluge）中坚持认为“从诺亚（Noah）和他的子孙开始，主教在印度就被神化了”。“诺亚的孙子弗（Phut）即是Budh，后来被称为佛（Fo或Po）。因此，才会有帕杜斯河（Padus）及神圣的脚步斯瑞帕德（Footstep the Sreepad）。”（参阅《洪灾论》第一卷目录部分）《斯坦福德·拉弗尔斯爵士回忆录》（Memoris of Sir Stamford Raffles）及威廉·琼斯爵士（Sir William Jones）所著的《摩奴法典》（The Institutes of Menu）对这一有趣的话题均有论述。

言归正传，在佛像的正后方是另一尊塑像，该塑像正面朝里，与佛像背对，之间的间隙很窄。这尊塑像手持一根短木棍，驱魔除邪。

穿过这座佛殿，便来到一个地面为石头铺就的宽敞庭院。由于此地原有地势不平，所以因地势特点改造为错落有致的平地。庭院中间是一个人工蓄水池，蓄水池之上为一座石桥。沿着庭院的两侧有带顶的走廊，经由走廊只需登上三阶宽大的石阶即可到达第二座佛殿。

这座佛殿约60英尺入深，殿面宽约100英尺，供奉的是“三世佛”（Three Precious Budhs），僧人们在此日夜祷告。在佛殿近末端处，紧挨着一面高高的鎏金屏风，摆放着3座塑像，塑像底座为高约5英尺的鎏金底座，塑像大小与我们之前描述过的并无二致。这些佛像面容安详，每个佛像头顶上都戴有一个似王冠一样的东西。这些佛像是佛的前世、今世和来世的化身。中间的佛像代表着佛的今世，其右侧的佛像代表着佛的前世，其左侧的佛像代表着佛的来世。在佛像前有一个大祭坛，祭坛上摆放有漂亮的花瓶和香炉，花瓶中插满了花，香炉中的香永远不熄。砖铺的地板上有低矮的小凳和垫子供跪拜的信徒使用。流苏和长长的丝带从佛殿顶垂下。两侧各有九尊佛像，代表着佛最初的门徒。佛殿前侧有大门，大门上半部分的材质类似玳瑁壳，可透过些许光。

第三座佛殿在另一阶平地之上，大约在第二座佛殿后60英尺，登两个石梯即可到达。佛殿间的空地为石头铺就，中间种植着花朵作为点缀。这座佛殿中供奉着“观音菩萨”（Goddess of Mercy）。中间位置的佛像非常大，两侧各有一尊稍小些的佛像，摆放在木匣中。左侧的佛像为瓷制，人们十分珍视敬重。逢旱灾或饥荒时，人们会向这尊佛像祈祷。若逢久旱，这尊佛像会被恭请至福州城沿街巡游，众人向其祷告求雨。这座佛殿规模与第二座相同。两侧有大的藏书阁。只有在祷告请愿或有紧急公事时，僧人们才会来这里。

僧人们平常的活动都是在第二座佛殿进行。他们一天来此两次，分别是清晨4点左右和下午4点左右。他们在这里诵经祷告，所诵经文恐怕十个僧人中也不会有一个略懂其意。祷告时，有时站着，继而跪着，最后成单列绕着佛殿中每排凳子行走。诵经时，伴有小铃铛发出的叮当声和木槌敲击木器时发出的低沉的声音。这件木器外表奇特，为巧工雕琢的中空结构。诵经时，寺院主持站在佛像正前方，其他僧人在两侧成排站立。

我们已经详细地描述了主要的建筑。两侧是其他建筑，其中有一些是小型的佛殿，僧人们似乎在这里进行一些比如展览或算命之类的活动。在其中一座佛殿中，我们被带领着参观了一颗佛的牙齿。此物当然是放在一个结实的盒子中，佛教信徒和宗教徒都可透过盒子前端的铁把儿看到这一圣物。看到此物，我感到十分有趣。中国人是很务实的一个民族，总喜欢物有所值。僧人们充分满足了中国人的这一心理需求，尽管他们从来参观此物的中国人口袋里赚到了钱，但展出的是巨型的牙齿，以作补偿。我认为就颌结构而言，与这颗臼齿更匹配的或许是乳齿象而非佛。这颗牙齿约8英寸长，体积与长度规模相当。

还有一个藏书阁，藏有大量佛教书籍。我原打算参观藏书阁的，但由于我们同行的一位成员突然身体不适，我们不得不提前返程，使得原计划搁浅。

“你们想见隐士吗？”僧人们指着他所在的屋子问道。这名隐士大概 30 岁，静坐在一个小房间内，光线可透过房间屋顶射入。游客挪开墙上小洞口处的遮蔽物则可透过洞口看见他。他在此闭关或许已两年，预期还要待在此处一两年之久。从理论上讲，他见不到任何人，不与任何人交谈，心中只想着佛和未来。我原以为他是一名僧人，但却被告知他并不是。事情是这样的，他出自名门望族，但现在家境中落，十分窘迫。他抛下了尘世的一切，来此寻求庇护。

“但是他是怎么打发时间的呢？他是否有书可以读呢？”

他们回答道：“有书，他读佛经。”

我问道：“他要做什么？”

有人回答道：“皈依佛门。”

看看这个人吧！他并未受疾病所扰，也未受上帝诅咒，然而他深陷在一个充满苦难、大声呼喊求救的世界中。他是一名精力充沛的成年男子，却背叛了人们对他的完全信任，逃离了恳求他帮忙的人们，隐居在这里，过着懒散而安逸的生活。可悲之人！另外，这个人家中或许还有已年迈的双亲需要照顾，妻子及无助的孩子需要照顾。曾经家境殷实之时，他可与他们分享幸福。如今，真正接受严峻考验的时刻到了，为人夫、为人子、为人父的他却弃他们于人情冷淡的现世而不顾。我还想到了他应承担的其他一些更崇高的责任与义务。想到他永远生活在无知中并被愚昧化时，心中难过不已。我离开时，心情沉重。

寺中的大钟，声音低沉，连绵不绝，吸引着每一个来此的游客。大钟置于一个圆顶阁中，离地面约 14 英尺，在第一个庭院的右侧。这只钟固定在一个框架结构中，一根长约 3 英尺、直径约 2 英寸的木棍由下垂的绳子水平方向固定。其中一端距钟外缘约几英寸，另一端绑有一根绳子，绳子一直拖到地面。拉动这根绳子，木棍则会朝钟的反方向移动；松开绳子，木棍在击打钟后弹回，循环往复。钟声几乎不断，每次间隔约 30 秒。深沉有序的钟声令我印象颇深。每次钟声响起后，余音袅袅，回荡在山间。岁月流转，季节交替，生活中发生了太多的变化，兴奋之余让我们满怀诧异之情。而在这寂静的深山中，时光的脚步也已在美妙的钟声中走过了分分秒秒。

在庙宇的前下方有一个人工大鱼塘。这里的鱼从未被蓄意捕杀过，因此可存活很久。中国游客喜欢将点心扔至水面，看着鱼儿们竞相争食。

距寺院约半英里处的一个幽深的山谷中有一泓泉水，水质极佳。泉水沿着山体一侧的石槽最后从一尊石龙口中流出。关于这泉水有一个故事。很久以前，小溪沿着多石的山谷一路流至寺院附近。一个常来此处的书生对水流的声音心生嫌恶，于是修了一个人工水道，将水绕过山脊引至山谷中，形成了现在这一泓美妙的泉水。泉水旁建有一座小庙，两边是供在寺庙中就职的僧人居住的房间和一个简易的水上建筑。泉水附近的石头上遍处是刻字。在泉水东边的一个山脊上建有一座瞭望台。从这里望去，脚下小河流向的远方一览无余，整个福州平原的壮美之景尽收眼底。双目所及之处郁郁葱葱，村庄点缀其中，远处是崎岖陡峭的黛青色山脉，向南则可看到浩瀚的大洋。

再来谈一谈寺院周围的景色。前方正南方向，溪谷草木葱郁，倾势而下至河流处。右侧是一处山脊，遍布松树和大块的花岗岩。左侧是一倾势而下的山脊，遍布高大的樟树、纤长的竹子、枝叶微颤的白杨和浓密的灌木丛。后方则耸立着高大的鼓岭（Kushan Peak）。右侧、左侧和后方的视野均被刚才提及的山和山脊遮蔽，而向南处两侧是郁郁葱葱的林木，一望无际。寺院后面的山峰景色壮观。其山体呈圆锥形，峰顶高出寺院地面约几百英尺，两侧没有树木，暗色险峻的岩石上可看到雨水冲洗留下的白色斑纹，下方无数的沟壑在岩石的遮蔽下显得无比深郁，岩石上被侵蚀之处零星地长着一些野草。在从山峰处倾势而下的沟壑中，在周围贫瘠的峭壁的影响下，这里逐渐形成了土壤层。从这里被采收的东西滋养着很多家庭，给他们带来了乐趣。

暮色中的山峰更为壮观，令人不可思议。寺院中，夜幕投下了长长的影子，四周一片寂静，有序而庄严的钟声似乎使周围显得更为寂静。宽广的山腹处，闪烁着一点清晰而柔和的光，只见农民扛着他的犁在令人晕眩的山间走着。青浅的草地，溪谷中摇曳着的谷子，给眼前的景色平添了一抹绿色和一缕清新。四周都是冷峻的悬崖，十分寂静，暮色越来越浓，峰顶上的一片余晖如皇冠一般在那里停留了几分钟后逐渐消退，在暮色的映衬下大山显得更壮美。

墓地在松树林中，距寺院大约0.75英里，离通往城里的路不远，位于一个朝南的斜坡上。石台约40英尺宽，高出地面约9英尺，通过石阶与地面相连。平台下是最终放置已过世寺僧骨灰坛的地方。进入这个阴郁的地窖时，需挪开台阶右侧的一部分墙。只有当平台上的大石瓮中盛满了骨灰坛时，才会打开地窖门，因此每次进入地窖的相隔时间很长。大石瓮在平台中部附近，可以盛放大约30个寺僧的骨灰。当有寺僧过世时，遗体火化后骨灰存入一个坛子中，坛子封口后放入这个大瓮中。当大瓮中盛满骨灰坛时，地窖的门会被打开，骨灰坛会被从大瓮中取出放入地窖中。

墓地的地址是精心选定的，周边环境颇适合沉思；我坐在古松的树荫下，心情有些哀伤，思绪纷飞，但却有所感悟。

我已经深深注意到了这个著名之地最突出的一些特点。这里位置上佳，毗邻大城市，城市里的有识之士来往于此，与这个庞大的帝国关系密切。

第八章 中国人的性格

第八章　中国人的生活

我们认为，基督教界低估了中国人的才智。从本书所述可以看出中国人在智商方面不逊于世界上的任何民族。我们不应该凭借中国人性格中所表现出的一些矛盾和荒诞的特质或凭借西方国家中个别中国人的表现做出武断的判断。明智的做法是在对中国人的性格有充分而准确的认识前不急于做出判断。对中国人越了解，对他们一路经历的苦难越了解，就会更加对他们心生真挚的同情与赞赏之情，这是完全可能的。中国人有自己的文字，真实记录了民族历史与其独特文明的发展进程，这一点极其值得称赞。他们曾与无数苦难抗争过，但即使是在如此恶劣的环境中，还是取得了很大的成就。试想如果他们可以沐浴福音的光辉，成为上帝之子而享受自由的喜悦，他们的成就则更加不可估量。

◇ 主要性格特征

中国人十分机敏，非常精明，特别务实。他们思维活跃，相信直觉且十分有主见。基于中国人阐述观点时所假定的前提，大体可以得出他们的结论。他们在推理过程中存在的问题通常在于所假定的前提下。中国人在很多方面的知识十分欠缺，经常把一些错误的事情误认为是正确的。因此，一旦被指出存在错误时，他们基于这一前提所做出的推理瞬间失去意义。中国商人精力十分充沛，处事机敏灵活，工作效率很高。无论是欧洲或是美洲的外商，来中国经商时，都认为有必要依据自己的判断在贸易法规允许的范围内寻求所有可能的帮助来保护自己。尽管这些外商行事十分谨慎，还是有时会成为他们不道德的竞争对手的手下败将。美国人必须在清晨早起后整日保持警觉，只有这样才可以有望在日落前弄明白中国人在做什么。

同时，值得注意的是中国的组织机构颇具有长久稳定性。从古至今，中国人完整地保留着其文明进程中政府所有重要的特征和所奉行的重要准则。北部蛮夷部落的相继入侵既未废除也未根本性地改变中国的组织机构。他们在侵占了这些肥沃的平原后，面对一个更为先进的文明时，感到羞愧与不安。在征服了这个帝国后，他们毫无例外地都保留了先前的政府机构、法律法规、社会习俗及语言。从国外传入中国的宗教也受到了相似的影响。佛教、犹太教（Judaism）、聂斯托里安教（Nestorianism）、伊斯兰教（Mohammedanism）均已失去了很多各自的思想特点，很多外部特征也很明显受到了中国人内心所拥有的笃定执着等特质的归化作用的影响。天主教（Romanism）借助各种借口和颇令人质疑的各种妥协行为进入了中国，诡辩与欺骗等行径几乎均被识破。基督教新教（Protestant Christianity）也已进入了中国。

日本文明就是中国文明的一个衍生品。中国沿海诸岛及东印度群岛（the East Indian Archipelago）中的很多岛屿一直在中国的统治之下。几乎在东亚诸岛屿国家都有大规模颇具影响力的中国人群体。值得注意的是，中国人在对宗教民族实施统治后，他们先进的文明总能在与当地文明的较量中处于绝对的上风。他们聪明、勤奋、善于经商，几乎垄断了所有重要的高利润回报行业。他们掌控着商业，成为当地的主流群体和领袖人物。一两年前，密克罗尼西亚群岛（Micronesian Islands）的一名传教士在岛上沿着沙滩散步时发现一名遭遇海难的船员；该船员穿着怪异，所讲语言完全听不懂。传教士通过当地人最终得以确认这名船员是日本人，所属船只在暴风雨中受袭失控后被海浪冲向南方，部分船体碎片最终搁浅在海岸边。以这件事为线索，传教士从密克罗尼西亚群岛居民处探明类似事件绝非偶发，每过几年总会有来自北部的人漂至这里的海岸边，有时一个，有时更多。他们对传教士说道：“的确，我们的祖先是从北部那一带迁徙来的。”这件事确实颇令人玩味，或许可对南太平洋群岛上诸部落的起源问题有所启示。如果熟悉北美印第安人的话，一定会发现中国人和他们在长相上有明显的相似之处。我们的北美印第安人是从哪里来的呢？他们既非从天而降，也不可能如橡树一样长自大地。他们是否可能从亚洲大陆这一古老的人类摇篮经由白令海峡（Bering's Strait）而来呢？如果这一猜测不虚的话，我们则可以断定第一次看到西方大陆壮丽风光的开拓者们来自中国。

在过去的几年中，大批中国人迁徙至澳大利亚（Australia）、哈瓦那（Havana）、南美（South America）的西海岸及加利福尼亚（California）。我们清楚地记得加利福尼亚淘金的消息传至中国南部沿海地区时，人们十分兴奋。成千上万的中国人立即决定去这片藏金之地淘金致富。他们租用外国船只运送他们，但是很快所有租到的船都被挤满了，还有数千人在焦急地等待着。由于短期内无法快速地租到船，中国人于是购买了外国人曾用来办公或存储货物的废弃的旧船只，配备以船桅、索具、船帆，雇用了一名船长和一些船员，将他们自己委托给这些不堪航海的人，启程前往加利福尼亚。

第九章　福州城

第八章 部派统

福建省省会福州是美以美会中国总部的所在地，位列中国一流城市，拥有约60万人口。福州很久以来一直是中国名城，其秀丽的风景常赋予当地诗人灵感。曾有诗人借助经典的夸张手法以诗来抒发心中的敬仰之情，其首句是“万里重山绕福州”。

福州被视为中国的军事要塞之一；当地人民素来在文学及商业活动领域享有盛誉。在中国对外交往的早期，福州就作为重要的商业货物集散地引人注目。1668年，英国东印度公司代表在向董事会的报告中写道，“福州将会是一个人流来往密集之地，可给中国供应生锌、丝绸及丝绸织物、黄金、菝葜根、茶叶等物品。同时，福州需要购入的商品有细平布、铅、琥珀、辣椒、珊瑚、檀香木、红杉、香、桂皮、广木香等。”1681年，东印度公司命其在台湾和厦门的办事处撤办，寻求在广州和福州开展贸易业务。这些早期的努力均未取得成功，直至1853年福州才敞开全方位的对外商业交流的大门。

◇ 地理情况

福州城

福州地处一个直径约 20 英里、四面被高山环绕的盆地之北部。该盆地的地貌特征丰富，有林木繁茂的小山，间或还会有海拔较高的山脉。有些山一直到山顶处都被农民们开垦成了耕地，有些山则一眼望去遍布着花岗岩，只是零星地生长着稀疏的植被。闽江从西北方向进入盆地，穿过狭窄的山涧，一路蜿蜒，后又经过盆地东南一个相似的山涧流入大海。福州城就坐落在风景如画的闽江两岸。城郊的区域大部分从闽江北岸开始延伸，部分从南岸蔓延约 3 英里，与闽江并行。总体来讲，福州城风景宜人。颜色黯淡的墙与屋顶虽略显单调，但亦有一些风景如画的小山和很多枝繁叶茂的榕树。榕树四季常青，使得空气十分清新，为这座城市平添了许多美丽。

◇ 城内公共建筑

福州是中国省会城市的典型代表。城区周围建有坚固的城墙，为砖制结构，城墙基座为花岗岩。城墙约 20 英尺高，10 英尺厚。城墙上是高约 5 英尺的护墙和等距离相隔的城堡。城门很大且非常牢固，可谓一夫当关万夫莫开。公共建筑包括官府衙门、庙宇、书院及贡院。官府衙门包括总督衙门、将军衙门、巡抚衙门、布政使衙门、按察使衙门、粮盐道署、知府衙门、知县衙门等。这些建筑均只有一层高，占地面积很大，为木质结构，辅以板条和灰泥，建筑四周是防火的高墙。这些大建筑群的显著特征是都有露天的庭院，院内古树成荫，装饰有花卉及灌木丛。这些建筑所用材料易腐，建筑工艺通常不精良、风格华而不实。这种建筑设计使得房间采光不好、通风较差、舒适度不高。

城内与城外均有很多寺庙。城内较著名的有孔庙、帝王庙、财神庙、城隍庙及乌石山山顶的庙。孔庙约建于8年前，外观很美。大多数其他的寺庙均年久失修，较脏暗。城外有座庙，外国人称为“宁波寺”，位于闽江南岸的郊区，离外国人居住区不远，着实很漂亮。宁波寺供奉的是护海女神，是福州城香火最旺的寺庙。福州南城门内有2座9层高的塔，与2座佛教寺庙相连。一座称为白塔、一座称为乌石塔，均历史悠久，其中白塔毁坏较严重，不许攀登。

贡院，即乡试举行地，在福州城北部，是一座巨大的开阔式院落，四周为高厚的墙所围，院内是一排排低矮的隔间，供考生考试期间使用。院子中心是一条南北走向的大道，约12英尺宽，从唯一的主入口一直延伸到另一端为监考官和巡视官所设的房间。中心大道的两侧，与其成直角方向均是一排排的单人隔间，为考生应考的考场。排与排之间被高约10英尺的砖墙相隔，隔间前端到墙约有两英尺宽的通道通往中心大道。这些单人房间入深约2.5英尺，宽4英尺，高8英尺，有遮挡的屋顶可防风雨。但是，因为每个房间的整个前部都不封闭，考生不得不忍受日晒、雨淋之苦。不足为奇，每次考试都有考生因不堪暴晒、过度紧张致死。据估计，这个贡院可以一次同时容纳约8000名至10000名考生。其他考试场所与我们所描述的大致相仿，只是规模小很多，建筑质量亦稍逊色。

福州城布局规整，街道大多为平行走向，或彼此呈直角交叉。主干街道，称为“Nanka”，即南街，从南城门几乎延伸到北城门，将福州城大致一分为二。南街马路宽敞（在中国而言），路况上佳，高档店铺聚集，颇为繁华，是福州的商业主干道。城西主要是卸职官员或其他有钱有势人士的居所。其中一些宅院，风格考究，品位高雅，彰显着精良的建筑工艺。

◇ 南台

城外人口大致与城内相当，居住在主城门外的大片郊区地带。其中面积最大、最重要的地块称为“Nantai”，即南台，从南城门延伸到闽江。人口散居在从南城门到闽江间约3英里的地带，以江上一个小岛的人口密度最大；江南岸是另一个约3英里的狭长郊区地带。从南台到福州城区的行程令人印象深刻。到达城门前，6英里长的道路几乎不中断，路两侧是店铺和住宅，人流熙攘，一片喧嚣。南台是福州本地和对外贸易的中心。外国人把他们的商行和大多住处建在了这紧邻闽江之地。闽江南岸发展迅速，声名鼎沸，外国人也在此获取了一大片土地，用作建造私人住宅和办公处。闽江北岸则有风景如画的小山及闽江北岸的山中寺庙、两座石桥、蜿蜒的闽水和水面上的船队使得这里别有一番风景。石桥为花岗岩所建，虽不精巧但却牢固。闽江此处有一连接两桥的小岛，本地话称“Changchau”或“Tongchin”，即中洲岛。闽水北段上的桥被通俗地称为“大桥”，以区别于闽水南段上的小桥；桥口上可见“万寿桥”的桥名，不无夸张之意。该桥约有26个桥拱，每段约20英尺长。桥墩很牢固，由大块的花岗岩建造，桥墩间的桥拱则由3英尺见方的花岗岩搭建而成，其中有些长达23英尺。这些石块并排而置，整座桥桥面约8英尺宽。牢固的桥面上横亘着薄花岗岩石板，为行人通道；桥两侧均建有高约2英尺的石质护栏。另一座桥连接中洲岛和闽江南岸。该桥在结构和外形上均与大桥相仿，尽管短了很多，只有9个桥孔。中国人称其为“仓前桥”，桥名取自桥最南端当地的仓库名。

闽江中洲岛

福州靠船为生的人是社会中较受关注的一大阶层。桥两侧的浅水处是上佳的泊船之地，停靠着众多各式船只。较大的船只用来运输往来于内陆的商品或卸运进入福州港的米盐船只所载的货物；较小的船只则用于摆渡和捕鱼。出海的船只停泊在桥的末端，闽江此段经常停靠着很多这样的船只。福州的贸易主要涉及茶、木材、米、盐、糖、木炭、纸、紫菜、樟脑等商品。

◇ 气候

福州的气候比中国任何其他地方的气候都好。夏季最高温度可达华氏 98 度，冬季最低温度为 32 度。然而，需要注意的是由于中国空气湿度较大，无论寒热，相同的温度下人体感受都比在美国更强烈。从 5 月到 10 月 1 日，天气炎热，有时更是如此。外国人通常饱受其苦，主要表现为食欲不振、身体虚脱。然而，这期间最热的时候偶尔会有雨，雨量充沛，连续数天不断。雨季多在 5 月或 6 月，大约为闽江每年的涨水期，此间福州城郊大部地区会被淹。从10月到次年4月中旬或月末，空气通常洁净、干燥、有时令人神清气爽。可以说，福州一年中这个季节的气候最宜人不过了。此时，气候清凉宜人，可使长夏时节人体所积湿热之气得以排解，对身体大有裨益。

◇ 对外贸易

总体来讲，福州人精力充沛、做事也颇有毅力；但是，人与人之间的称呼方式自由随意，常使人感觉粗俗草率，有不雅之嫌。无论是在福州人之间，还是福州人与外国人之间的交往中，都表现出以上行为特点。与我们所熟知的中国任何其他地方的人民相比，福州人似乎显得更粗犷、阳刚、心直口快，而少了一些奸诈、卑躬屈膝及趋炎附势之态。福州本地人很明显非常傲慢，这一点或许是由于他们从未感受过外敌入侵的恐惧，抑或是由于天性使然。事实上，福州人有着十分真挚崇高的人生价值观，个体与群体都如此。持有此观念之人似乎不仅只有他们。据我们所知，官方对他们亦有如此评价。据称，在1842年至1843年间《中英南京条约》签订前的谈判中，中方官员非常不情愿将福州列入对外开放城市名单中，是在英方全权代表强烈坚持下才最终勉强让步。中国政府随后在福州所执行的政策表明，他们决心在可能的前提下防止对外贸易在福州扩张。在几乎长达10年的时间里，他们的政策可以说取得了全胜。1853年，中国南方省份的叛乱活动使得朝廷在广州茶税一项上岁入骤减。此时，福州当局采取措施开展对外贸易。贸易活动发展迅速，十分繁荣，此时的福州已是中国与国外贸易联系中最重要的城市。福州毗邻红茶产区，这使得外商在此可以低于中国任何其他港口的价格购得茶叶。同时，能够在每个茶季之初，将茶运至伦敦、纽约或其他地方；这与中国其他任何港口的船运相比，提前了 1 个月。

第十章　建筑、土地使用情况等

传教士一踏入异国他乡，就有很多事情亟待解决。首要问题就是为自己和家人找寻一处栖身之所。无论是为住所、教堂、校舍等选址，还是制定计划、起草合同、选择建筑用料或监督施工进程，外国传教士都大有施展才华与学识的机会。

◇ 中国式房屋

在福州，中国式的房屋通常只有一层，为木质结构，辅以板条及灰泥，房顶以瓦覆盖。下层阶级的房舍、店铺等直接临街，通常日间门窗全部敞开，但在夜间即会关闭。房子借助前后的门或窗来采光，大都装有木制遮板以防风雨。屋内既无烟囱也无天花板，地面也只是土地面。这样的建筑低矮，室内光线暗淡，卫生状况较差且感觉很热，必然不利于身体健康。相比较而言，上层阶级的房屋虽在一些方面改良许多，但仍比较粗糙，舒适感不高且采光不好。房屋四周为高墙所围，房子前后均有开阔的庭院。庭院中铺着平滑的石头，院角或院中心处大都有一口井，井上置防护的石板。院子里经常会装点以灌木丛、花卉及假山和柱子装饰。从街道进入庭院，偶尔会看到依两侧的墙，从前墙到正房的位置，各建有一排低矮的房子，屋顶向内倾斜。穿过庭院即是房屋的中心房间，紧邻其后还有一间房，房宽与之相仿但房间进深较浅。中心房间的两侧各有一个房间，房屋进深与之相仿，但房宽稍窄。这两房后面均各有一间房与中心房后的房间对应。后院与前院相仿，尽管通常面积稍小且布置略显杂乱。大宅院有时会有数间房，以几个庭院相间，正如刚才所描述的，周围有高墙，依街而建，形成一个完整的建筑群。

◇ 建筑材料

在福州，主要的建筑材料有木头、砖、瓦、石头、石灰等。最常用的木材是松树，或称雪松，其加工简易，木质轻便且耐用。硬材亦有很多种，用途也较广泛，但造价较高，因此建造房屋时一般不大量使用。松树或雪松在福州储量丰富且价格合理，原产自中国内陆山脉，是经由闽江船运至福州的。木材是福州本地出口贸易的重要组成部分，每年有大量木材经水运到达中国北部港口。砖头质量上乘且数量充足。其中一种为灰色，很轻；另一种以红土为烧制原料，燃烧时颜色类似美国使用的红砖。砖出售时，数量不受限，有各种尺寸及质量供选择。然而，为了确保质量，仍有必要与销售商或生产商签订书面合同，明确所需砖的各项要求。中国人使用的砖通常质量较差，是在离福州约 10 英里的砖窑烧制而成的，与美国使用的砖相仿。还有一种扁平的方形砖，14 英寸见方，仅 1 英寸厚，烧制得很好，呈红色，多用于砌厨房的灶台，铺浴室地面或平顶房的屋顶。瓦也是在烧制砖的地方制成，原料是一种土，充分燃烧时呈灰白色。瓦片约 9 英寸见方，0.25 英寸厚，一端稍窄。瓦片为椭圆形，并排而置可形成一水槽状，常用来铺建屋顶，安全耐用。但是，瓦片较重，很难适用于建造外国风格的教堂卧室、接待室及大厅。建造一个无支柱的屋顶有时会很难，因为要做到使屋顶可以承受住所需瓦的重量实属不易。另外，花岗岩也可用作建筑用石，产自离福州约 15 英里的闽江下游河岸边的山上，质量上乘，价格适中，取之不竭。花岗岩是参照购买者所需形状和尺寸，借助斧子和凿子取自坚硬的岩石。之后，小心挪至山下，由运重物的船只运往福州。石灰由牡蛎、蛤以及其他双壳贝类的壳制成。至于壳内的肉，则可食用。这些壳在大窑中烧制，可以制出质量上乘的石灰，适于做砂浆、水泥、灰泥和白涂料之用。但是，几乎买不到纯石灰，因为中国人通常会将一种白土掺入其中。掺杂工序长期使用，且技术娴熟，因此不借助科学检测手段很难识别。起初，愤怒的消费者会有几次针对欺骗行为的抗议活动。之后，逐渐对此事隐忍、淡漠，只是寻求途径将价格降至最低，以使自己的损失减至最低。

◇ 外国人对土地的所有权

在福州，中国政府不单独划定供外国人居住的区域，因此我们着手努力获得较好的地段。我们的第一批地块以付年租的形式取得，但我们不满足于此，很快就致力于获取更有保障的土地使用权。然而，一开始我们就遇到了难以克服的困难。在中国，不存在中间层面的地主或对土地持有完全所有权的土地所有者。所有的土地所有者直接由皇帝授予使用权，普天之下莫非王土。因此，中国政府认为向外国人出售、转让土地的任何行为均属违法。在一场持久的争论后，最终规定外国人从中国人处获得土地财产时，中方土地所有者应提供永久的土地租约，明确规定指定地产的价值或价格。永久租约完全等同于购买行为。将土地租给外国人，中方土地所有者需向承租者转交所有旧的契据及与该土地有关的其他文件并为其开具新的契据和永久出租的证明，一式三份；由中国官员及外国领事共同签章则可生效，一份交由中国政府，一份由购买者所属国的领事收存，一份由购买者保管。

以下译本为我们在福州购得的一块土地的所有权契据，该契据的格式为此类文件的典型格式：

兹有此永久租约以证明刁楠于道光二十八年购得土地一块，位于镜山（Mirror Hill）附近；西临W.S.斯隆先生（W. S. Sloan，Esq.）的房产；东临天安寺寺墙，包括堤岸下的地块南面是该地块的老墙；北面是麦利和先生的房产。以上所述诸项清楚无误。现其本人自愿将此地以永久租赁的形式转让给美国教师麦利和及其余人等，供建筑及居住所用。他于本日收得地款共600美元。

该地块上诸物的处置权均归麦利和先生所有。他可以自由决定是否砍伐或保留其上的水果树。

地款支付完毕后，麦利和先生不需再支付任何费用，原土地所有者刁楠不得以任何借口提出任何事宜。但如若土地所有权被认定无效或该地块已出售给他人而引起纠纷，则由刁楠负责处理，与麦利和先生无关。

此永久租约一式三份，特此为据。

（签章）　　　　土地所有者　　　　刁楠

　　　　　　　　证人　　　　　　　萨桦凌

咸丰五年二月

（公元1855年4月）

在上面的契约中，我们注意到以下几点：

1. 土地款由外国人向中方土地所有者一次性全部支付。

2. 收到土地款后，中方土地所有者永久性地放弃该土地所有权，不再享有该土地任何收益权。

3. 中方土地所有者需向外方保证对所售地块及其上的建筑等拥有合法所有权。

按法律规定，获得契约所需支付的费用有：

1. 支付给领事的契约签章费十美元。本案中，未有涉及此项。

2. 若所购土地上有建筑，需支付给中国政府购房款的百分之八，此费用由购地者承担。目前为止，我相信尚未有任何外国人支付过此笔费用。但既然中国有此惯例，所以我认为外国人无理由拒绝按要求付款。只有在购买洋头口的教堂用地时，才会涉及此项费用。在购买仓前教堂用地时，也可能会涉及此项费用。但是，我们的其他地块上均未有建筑，因此不需交纳此项费用。

购买耕地时，政府每年以实物形式征收税费，除非外国人与政府协商一次性付清指定款额。我们在橄榄庄园所购土地为耕地，但中方土地所有者多年前已与政府达成协议，因此不需交纳土地税。

我们更倾向于以永久租赁的形式获得土地所有权，因为此种形式费用更低。我们购买土地的款项只需 4 年至 7 年的租金即可收回。

◇ 传教会的房产和地产

目前，除我的住处所在的土地外，传教会在福州的其他地产均以永久租赁的形式持有。我们希望在一两年内获得该地所有权，如此我们便可长年拥有所有用于居住的土地。

以下地块购置的价格清单可以表明当时福州土地价值几何。有必要补充说明的是适于外籍人士居住的地皮的价格已大幅上涨：

1. 传教会以 600 美元购得一块地，位于我的住处后面，地况上佳，地块长约 120 英尺，宽约 240 英尺，足以用于建造两处居所。

2. 传教会以 400 美元购得一块礼拜堂用地，位于通往福州南城门的主干道上，长约 66 英尺，宽约 155 英尺。

3. 传教会以 350 美元购得一块地，长约 120 英尺，宽约 170 英尺，现为万为博士住所所在地。

4. 传教会以 154 美元 15 美分购得位于我住处前的一块礼拜堂用地，长约 62 英尺，宽约 140 英尺。

5. 我们将为旗昌洋行（Messrs. Russell & Go）的用地支付 350 美元。该块地约 250 英尺宽，前端与后端的长度分别为 90 英尺与 40 英尺。

传教会在福州的第一处居所是一个中国式的老房，仅有一层，四周被高墙所围。此房位于中洲岛，每年五六月份涨水期间，水高可至地平面以上约 2 英尺。为使此房适于外籍人居住，必须将房子加高一层，楼上用来居住，楼下则变为储物间、厨房及仆人的房间。房屋改造时，需将房柱叠接，偶尔会再增加一根与房屋同高的新房柱，另外还需铺设二层地面，设置房间布局，重新建造屋顶。

中洲岛——美以美会的第一处房产

上图描绘的场景为中洲岛西端。左侧的房屋原属美以美会。右侧的两间房由美部会所建。这些房产均已转让给他人，这些传教会已找到更为妥当的住所。

由教会建造的第一处居所

由传教会完全建造的第一座房屋在镜山，为轻框架结构，以板条灰泥墙布局。传教会建造这些造价较低的房屋，一是由于据当时福州官方的态度和政策很难判断我们是否会获许较长时间在此居留，二是由于早期我们准备不充分，无法确定何种房屋最适合这里的气候特点。通过之后对这里气候的了解，我们认为如果条件允许的话，居住的房屋、教堂和其他型建筑等最好采用牢固的砖结构。这种建筑最初的成本比我们提及过的框架结构高很多，但是这种房屋更耐久，每年的修缮费用较低且更为舒适安全，因此高成本是非常值得的。福州冬季气候温和，很少会有霜冻，因此建造房屋地基时无须挖较深的沟渠来防抗霜冻。在地势较低的地方砌墙时，必须在地面钉入 5 英尺到 10 英尺长的木桩。木桩上铺约 3 英尺长的扁平石头，石头与墙线呈横向位置关系，房屋地基建于石头之上。地基均为石制，至少高出地面 1 英尺；地面不平时，地基应高出地面最高处约 1 英尺。地势较高的地方，地面较干硬，地基建在扁平石上即可。建地基时有两种石墙。一种选用表面光滑的长形石头，整齐排列，外形美观。另一种选用大卵石，排列时会形成锐角，外观奇特但不会有不雅之嫌。建大卵石墙时，墙基座需较宽大，墙体逐渐向上收窄，不需使用砂浆。砖匠会为墙面选择最好的石头，将最美观的放在墙外侧，墙体中间填塞废弃物。建另一种墙时，砖匠用石头横纵交叉垒成盒状，中间扔入乱石，这些乱石不用考虑是否整齐美观。墙体外表面的石头均切割整齐，成一条直线，彼此间精心摆放。其间，需要使用一种水泥，由石灰、油、大麻制成，用来填补砌墙中的缺口。砖用一种偏红色的土和石灰混合而成的砂浆垒砌，它常被用来砌造墙体以及隔间布局等等。给墙壁涂灰泥时，第一层通常较粗糙，包括泥、切碎的稻草秆和石灰。第二层为河泥和锯末的混合物。紧接着是第三层，也是最后一层，为优质石灰和白纸混合物。如果所用原料为优质原料且操作程序正确，则墙表面会洁白美观。我们之前讲过的瓦通常用来盖屋顶。屋顶的板条上钉有一层薄板，瓦即铺在薄板之上，在屋顶两侧成排而置。铺瓦时，不需要任何砂浆或水泥，只是在屋檐、屋顶末端和屋脊处需要一些砂浆来保护瓦片免遭风雨侵袭。盖屋顶时，首先要做屋脊。这时，需要瓦、砖和砂浆。沿着屋脊需要用软泥做泥床，泥床上铺一层瓦，之后再铺一层泥，然后再铺一层瓦，直到屋脊达到足够的高度。此时，再在上面铺一两层砖，全部涂上白色或彩色灰泥。建造屋顶末端的工序相似，尽管节省些物力和人力。这些预备工作完成后，铺瓦工开始着手屋顶主体的铺设工作。瓦片从屋檐处开始并排铺设，间隔两三英寸或 4 英寸，一直到房顶屋脊处。瓦片间彼此重叠，每片瓦大约只有 3 英寸左右在外。第一排直接铺在屋顶的薄板上，瓦片的凹面向上，如上所述每排瓦间隔 3 英寸到 4 英寸。这些狭窄的间隙之上仍覆盖一层瓦片，也是相互重叠，不同的是凸面向上。为了保护瓦片不遭风袭，瓦片边缘都以石灰砂浆包裹，其上用水泥砌砖，间隔约 4 英尺。

美以美会的房屋群落

在插图中，传教会的院落占据河南边山上山坡和山顶的显著位置，共包括 6 间房舍，其中只有 4 间在图中可见。图片左侧是一外籍商人房屋的一角。向右依次是（1）麦利和牧师居住的一间平房；（2）一座两层建筑，房顶竖有旗杆，曾是美国领事馆，现属我们传教会，由保灵牧师居住；（3）一座两层建筑，为沃氏女子学院中国分校所在地。右边紧邻的是英国领事馆，有旗杆标志；（4）万为牧师的住处。最右边是另一外籍商人居所，只有部分可见。这一建筑物后来被拆除，现为一漂亮而牢固的英格兰教堂。

第十一章　乡村之旅

1849 年 1 月 4 日，在今已故的柯林牧师（Rev. J. D. Collins）陪同下我到闽江上游进行了一次探索之旅。我们以及随身的行李，只需一只中国式小船和四名强壮的桨手足矣。我们对这次既定的旅程饶有兴趣，因为这是我们在中国第一次尝试性地去探秘一个地方。且据我们所知，是一个尚未被任何外国人涉足的地方。我们计划身着自己的服装，不做任何掩饰，去散发基督教书籍，去和人们交谈，在官方允许的范围内按照我们自己的意愿，尽可能地深入农村。在福州将近一年的时间里，我们总是受到中国人的监视。一想到可以暂时远离他们的监视，我们就感到欣喜万分。小船一路顺势而行，我们很快从停靠在江面上的船队中穿过。在我们的右侧，是一座小山，轮廓清晰且遍布着松树和榕树。透过浓密的树叶，依稀可见农民们的农舍及更为雅致的寺庙。船在向前行进，向右望去，视野所及之处是一大片青石色的屋顶，周围是繁茂的常绿植物，为福州平添了一抹迷人之景。更远处，有座山，俯视着此地。山上有寺庙和祭坛，绿树成荫，绿地宜人，是人们日暮时分休闲、消遣之所。北方更远处，可以看到山的轮廓，这座高山数个世纪以来守护着这座古城。

◇ 上桥

船向上游行进，河道迂回，一度向南行进却突然改道正北方。我们还发现航道深浅不一，船所经之处有时可行快速军舰，但有时会突然遭遇沙洲，沙洲可能会出现在任何方位。福州上游约 6 英里处，我们来到了“上桥”处。这是一座石桥，与我们之前所谈及的城中其他桥相仿。此处水流湍急，船只有在全速或接近全速行进时方可平安经过。右岸桥末端附近，有一小村庄，同时可见一间小屋，负责监管水运。担心水运当值会不让我们继续向前，船夫建议我们藏在船篷内。但是，我们坚持坐在前甲板上，让所有人都可以看到我们。如果岸上示意停下，我们可立即应答并叫船夫停船。值勤的人很快看到了我们，很明显我们的到来引来了一阵不小的骚动。很多人围了起来，盯着我们外国人看，人群中人来人往、熙熙攘攘。我们可以清楚地听见他们讲着土话，耳朵里传来的是一阵阵呼喊声和斥责声，仿佛唯恐我们听不到。

最后，从岸上传来了一个洪亮的声音，大声喊道："你们是哪里来的？"

我们掌舵的桨手答道："福州来的。"

"船上装的什么货物？"

"没装货，我们的船租给了两个外国人，他们要到上游去。"

接着是岸上维持秩序的衙役之间一番嘈杂而郑重其事的谈话，我们则非常好奇地等着结果。同时，我们的船继续向前，耳边仍是兴奋的人群中传来的嘈杂声。我们穿过了村子，继续前行。很快，我们进入了一个漂亮的山口，山上树木稀疏，山坡倾斜至临水一侧。山右侧有一条小径，路径清晰。因为没有看到居民或房舍，我们非常想上山一游。来中国后，这是我们第一次不用受中国人的好奇心所扰，颇有一种回家的感觉。令我们感到惊喜的是，我们很快就忘乎所以地沉浸于此，在小山坡上奔跑跳跃。

◇ 夜晚泊船处

傍晚时分，我们停靠在一个多沙的江滩上，在上桥北约5英里处。闽江山谷在此处宽约10英里，两岸均是冲积的热带稀树丛，一直延伸至天边幽暗、伟岸的山脉。我们的停歇之地偏安一隅，十分安静，最近的村庄在1英里之外。晚餐之后，我们在沙滩上借着月光漫步，沉迷在景色之中，心中那种难以言喻的情感至今难忘。脚下是浩瀚的江水，江水直接流自这个伟大国度的内陆。对外国人而言，这是个几乎陌生的国度。周围是稻场、果园、小树林、村庄及那些长眠于此的人们的坟墓。中国人屋内的灯光宛如明亮的星星一样点缀着夜空，仿佛可听到他们晚餐时的闲谈声。他们丝毫不知在离他们古宅如此近的地方有两个从西方越洋来此的外国人，在东方迷人的景色里呼吸着温和的空气，安静地漫步。

◇ 糖厂

我们穿过大片的甘蔗地，在闽清（Min-ching）下游不远处，来到了一个正在生产的制糖厂。厂房并不结实，仅有一层高，为带茅草屋顶的木结构建筑。周围到处都是一堆堆制糖用的熟甘蔗。厂房内是榨甘蔗的研磨机、贮存甘蔗用的大缸和加热用的壶等。研磨机与在美国榨苹果汁时用以挤压苹果的机器相仿。其间，会用牛拉转研磨机。所用设备结构简单，制作工艺粗糙，但似乎很好用。压榨机是根据最原始的杠杆原理建成。压榨出的汁液会导入嵌入地面的大缸内，之后经由过滤、煮沸等工序制成糖。我们参观的这个工厂只生产粗糖，但在福建省的其他地方有很多生产白糖、方糖和冰糖等精制糖的工厂。

◇ 闽清风光

工人们很友善，让我们参观他们的制糖作业。和他们道别后，我们经过了几个村庄，爬了几座山，山上风景宜人。沿途总有一些男孩子尾随我们一探究竟，精力充沛、好奇心十足。在从最后一座山下山的途中，我们意外地发现我们处在一个名为闽清的大村庄的郊外，这里有一位常驻政府官员。我们此行一直尽可能低调，希望可以不受到岸上关注。岂料，上午时候的一次漫步使我们的想法彻底幻灭。人们口口相传，说在村里和沿河的山上看到了我们。因此，等我们到闽清时，几乎是全体出动来看我们。此时，后悔已晚，我们只希望可以尽快上船，驶船离去，远离越来越密集的人群。

船驶离岸边时，船夫失望地说："你们惹麻烦了。"我们也断定此次行程将就此终结。很明显，人们非常兴奋，人群聚集在河岸上围观。还有身着制服的衙役，这表明当地官员已得悉我们到来的消息。人群呼喊着示意我们停下，但我们对此并未理会。我们未收到任何禁行的官方通知，因此继续前行，并自以为我们可能会获许继续向前行进。我们此时恰好与驻地官员办公地并排。锣鼓喧天，几百只手迅速地在空中舞动，在岸上示意。

船夫问道："我们该怎么办？"

我们回答道："听他们的。"

我们靠岸时，看到一名要员朝我们走来。我们一边让船夫如实回答官员的问题，一边拿出我们的基督教书籍和宣传册，仍坐在船的前甲板上，等待结果。当我们停船准备上岸时，人群逐渐安静下来，仿佛满怀期待。我们刚才提到的这名要员不卑不亢、举止得体，走上前来开始向我们询问。河岸有些陡，土壤很潮湿，正当这位先生要站稳脚步、准备说话时，脚下打滑，整个人掉入了泥中。这一摔可了不得，人群中发出了一阵笑声。这次意外并未使这位勇敢的官员受窘。他立刻站了起来，语气严厉地要求大家保持安静。随从们清理了他身上的泥土，他开始向我们的船夫询问。

首先，他问道：“你们是哪里来的？”

我们的船夫回答道：“从福州来的”，语气异常坚定。

“你们要去哪里？”

“到上游去发书。这些是外国老师，他们习惯到农村郊游，和人们说说话，把这些书发出去。”

此时，我们插了几句话，说明了我们的身份和要做的事情。

很显然没有阻拦我们之意。我们一一回答了他的问题，他很快说道：“先问到这，你们接着走吧，返回时向我们报告一下。”

此举让我们颇感意外，欣喜万分，想利用这个绝好的机会向这位官员传布福音。我们大胆地问了几个有关耶稣教义的问题，并请求他留下我们的几本书。他颇为礼貌地接受了我们的书。之后，他想回赠给我们些礼物，就从手边一个人的篮子里拿了几个橘子递给我们。

“那些橘子是我的！那些橘子是我的！”一个外表粗鲁的买家大喊道，冲向前去想夺回橘子。

“安静！安静！”随从人员喊道，挥舞着他们的鞭子，拦住了这个异常激动、要抢回橘子的人。但是，这个人不肯就此罢休。

“那些橘子是我的！”他继续大喊着，像鳝鱼一样转动着灵活的身体，似乎要公然反抗衙役们对他的联合控制。

我们想平息这场纠纷，提出要还回橘子。但是，这个妥协的意见根本不被允许。

“安静！安静！”随从们一遍一遍地喊着，“我们大人会给你付橘子钱的。”

“现在就给我钱！现在就给我钱！”这个精明的农民尖叫着，深知现在若拿不到钱，之后就没有希望了。几十双脏兮兮的手立刻伸进了肮脏不堪的口袋里翻找，其间还有一个中国人口袋里的烟盒和其他东西被翻了个遍。最终，一共凑了几十个面目可憎的钱币，递给了这个人作为他的水果钱。我们意外地被放行了，心存感激，继续前行，愉快地沉浸在对沿途所见的回味中。

之后，我们继续慢慢地向上行进，偶尔停下来在岸上走一走。途中，景色越来越美，令人印象深刻。航道逐渐收紧，水流很大，水底遍布石头。向上游行进途中，水面变窄，水流迂回，但大体仍是向西北行进。与之前相比，现在的村子小了，数量少了。人们尽管对我们的长相及服饰十分好奇，但举止得体，对我们以礼相待。他们不无急切地收下了我们的书，仔细听着我们讲解《福音》中的教义。我们沿着河岸走。日落时分，到了一个十分安静的地方，景色宜人。这是一个小水湾，从水面一直延伸到山底的大块岩石处，山峰很陡，高约 150 英尺。这里一派田园景色，光透过茂盛的果树稀疏地洒下。茂密的枝叶仿佛搭建起了一个遮阴的凉亭。笔直的树干并排，在这个宏大、奇特的森林殿堂里，宛如一条长长的通道。突然，在绕过一个多石之处，我们发现自己到了一个几乎令人神往之地。此处景色令人心生敬意，我们不知不觉中已脱帽，静静地站在那里。头顶枝繁叶茂，周围树木伟岸、庄严。多年已逝，然而记忆中的那幕场景仍如此鲜活，恍若昨日。示意船夫在此等候，我们则退回到一块高大的岩石处，开始了谦卑而热诚的祷告。站起身来，我们在这个天然殿堂的通道上走了几分钟。天黑后不久，我们悄悄停靠在水面之上一处高高的悬崖之下。夜色笼罩着这陌生的水面。不远处，本地的船只来往不断。此处乃我们精心所选之地，令人印象深刻，耐人回味。一天的劳顿，虽已疲惫，但直至午夜时分才得睡去。

第二天日出时分，我们发现周围景色秀美、壮丽。我们的船在一方水湾之中，周围一片湖光山色。河岸上，枝繁叶茂，景色宜人；远处山坡上点缀着果园和小村舍；更远处则是沧桑、伟岸的群山。高耸入云的山峰上，第一抹阳光让人如此的欣喜，金色的阳光如灯塔之光般、一点一点地映红了清晨的天空。我们想起了柯勒律治在霞慕尼山谷中对太阳的礼赞，似乎可以看到驰骋在他丰富想象中的阿尔卑斯山的壮美景色。

◇ 登山

第三天，我们继续向上游行进。这一带的景色与昨日大致相仿。有些山高出水面至少 3000 英尺。村子不大，位于山体陡峭的一侧。从位置上看，似乎非常不安全。很明显，这里人口稀少。我们在岸上走了数小时，所遇之人均对我们以礼相待。然而，在途中，我们的船夫逐渐变得胆小且多疑起来。他们的想象力着实丰富，认为每个村子里都是盗贼与歹徒，沿岸每个通道都有残忍的海盗聚集。下午早些时候，我们来到了一座叫水口的小城，离福州约 6 英里，在急流区脚下。此处有一政府的官员把守，所有的船只都要仔细检查。之前出发时，断未料想到可以一路远行至此处；另外，我们的补给已不够继续走下去了。所以，我们决定不再继续向上游行进。

为返回下游做准备时，左岸一座非常高的山引起了我们的注意，我们决定到山顶看看周围的村庄。一开始，我们就遇到了一个意外的困难，差一点使我们的计划未能实现，没有人能够或愿意为我们提供登山帮助。当地人宣称没有路通往山上。当我们恳求他们做向导时，他们诧异地盯着我们，摇着头。

“我们从来没去过那里！”他们大声说道，“没人敢爬到山顶，给多少钱我们都不会干的。”

前景似乎颇不乐观，但是我们决定单独行事，尽可能地往山顶方向走。我们注意到有一条伐木工人留下的小路通往山顶方向，于是就沿着这条路向上爬。事情做起来要比我们预期的困难许多。这条小路又陡又滑，有时仿佛几乎不可能再向前走了。然而，我们仍硬着头皮向前走，半小时后到了山第一个支脉的顶峰。在这里，这条小路离我们远去，通往了别的方向。我们正盘算着如何继续向前，此时听到了伐木工人用斧头砍伐的声音。我们顺着声音的方向走去，试图找个向导，或至少打听点消息。一路翻越岩石，穿过茂密、错杂的灌木丛，我们终于找到了伐木工们。我们遇到的第一个伐木工是个老人。看到我们一路踩踏着蕨类植物和灌木丛突然冲出时，他脸上的诧异之情几乎无法形容。他站在那，手举着斧头，一动不动，一言不发。我们用中国人的方式跟他打了招呼，说明我们为什么会突然出现在这里。

他说出的第一句话是“天啊，你们竟然会说我们的话！”

“是的”，我们回答说，“我们已经学了有一年了。”

“你们是从哪里来的？”他接着问，他的样子看起来仿佛认为我们是从天而降的。

“从福州来的”，我们回答道。

“快来啊！快来啊！”他向离他不远的一个同伴喊道：“快来看外国人啊！”

“你愿意告诉我们怎么能上到山顶吗？”

“我从来没去过那里”，他回答道；无论我们怎么劝说，无论给多少钱，他或他的同伴都没有人愿意跟我们一起走。我们决定靠我们自己再争取一次。在我们离开他们，再次决定爬山时，伐木工们留下一句话，“直接朝前面的空地走，避开左边的悬崖。”从树林中出来后，我们来到了他们说的那片空地，沿直线朝山顶走去。我们沿着悬崖的边缘走，越过陡峭的、令人眩晕的山峰。为了自我保护，我闭着眼睛一路跟在我的朋友后面，摸索着走，他更勇敢些。一小时后，我们精疲力竭地到了山顶，我永远也不会忘记眼前的景色。视野所及之处，景色与北极海十分相似，一座座山如同冰山一样，遍布四周。云在我们周围飘浮。就在我们的南面有一座雄伟的山，与我们所在地相同海拔的山体被云包裹，山顶处沐浴着和煦的阳光，在我们所在海拔之上的高度与我们跟山下河流的距离相仿。下了山，我们开始往回返。第二天，我们平安到达福州。

第十二章　学校

第十二章　学校

◇ 男生学校

招收中国男生的普通日校在传教会成立之初就得以设立，学校受传教会监管，师资来自本地。然而，随着传教会的发展，随着公众讲道工作的充分开展，这些学校逐渐中断了办学。经我们美以美会宣教会同意，传教会的教育资源均集中在一所寄宿制学校，该校组建于1856年11月26日。

鉴于自身队伍短期无法迅速壮大，但又急于最充分地利用已有的设备和人力，传教会决定授权基顺教友在从旗昌洋行处购得的、原计划开办女子学校的校舍中开设一所男生学校，以此为基础在将来设立一所专门学校。传教会认为在等待女教师到来期间，有足够的时间为她们建造住处。校舍很宽敞，是木质结构的西式建筑，建筑木匠们未接受过西式建筑培训，这属于他们所建的该类房屋的早期作品。这块地面积足够大，上有一座大砖房，内有校舍，现为沃氏（Waugh）女子学校所有。基顺教友提议招收16名或20名男生接受寄宿制基督教式教育，直接由他监管。美部会下设有此类学校，发展情况颇佳，学校的一大部分学生现已成为他们在福州教会的杰出人士。

第一所男生学校

附图中的房屋由我们传教会从旗昌洋行处购得，很适合用作中国男生的校舍。传教会欣然同意了基顺教友挑选学生成立寄宿制学校的计划，并授权他开展相关工作。12 岁至 18 岁、才智出众的男孩可被录取入校，父母或监护人需签订书面协议，学期从 4 年到 6 年不等。学生在校期间，由我们提供食宿及书籍等，以使得学生感受到一个基督教式的家庭氛围。如若学生未能达到我们的要求，经公正认定，我们有权将其遣返回家。但是，如有学生违背我们的意愿擅自离校，其父母或监护人需支付其在校期间的食宿等费用。

以下这封信来自福州美以美会的保灵牧师，会使读者对这所学校留下美好的印象。

“上周六晚，基顺教友所在学校的十名男生拜访了我们。保灵夫人邀请他们进入会客厅，他们于是将鞋脱掉后放在走廊，悄悄地走入。他们首先饶有兴致地观看了挂在墙上的一些图片，其中最受关注的一幅是‘临终时的卫斯理’。我向他们解释说卫斯理是美以美会的领袖，临终时他大呼道：‘最美好的是上帝和我们在一起。’对房间进行了一番颇为彻底的参观后，他们聚在一起谈论着什么，态度似乎很诚恳。最后，这些小男孩中的其中一个十分礼貌地向我走来，询问希娜妮奥，即保灵夫人，是否可以为他们演奏一曲。保灵夫人欣然同意，并在美乐琴前坐好。男孩子们在琴旁围成半圆形站好，颇为专注地听着保灵夫人弹唱了一两首曲子。之后，她提出教他们唱歌，给他们做了一段时间的音阶练习，起初一个一个地单独做，之后一起做。大多数孩子都有着美妙的声音，很整齐自若地演唱着。练习的最后，他们以巴莱尔马曲调唱了一首中国式的颂歌。这些男孩子们事实上是天安堂演唱活动的核心和灵魂，我想偶尔带着他们去洋头口教堂会很好，给那里的教友、神父们讲讲课，防止那里每周日都会发生的残忍的老百人（Old Hundred）屠杀。

我拿了很多用银板照相法所照的照片给孩子们看，我确信他们看得很仔细认真。关于这些照片是如何做成的，孩子们提出了很多问题。但是，我发现以我现有的汉语水平根本无法解释什么是银板照相。孩子们评论着看完了照片。照片看完收好后，他们很诚恳地要求再听些音乐，我们欣然应允。之后，孩子们表示谢意，让我们'坐着，别送了'，以示中国式的礼貌。我们也告诉他们'慢走'，他们则有序地离开了。"

以下这份教会属男生寄宿学校工作报告，由该校校长基顺牧师提供，所署日期为 1857 年 9 月 30 日。

"我被授权开办的寄宿学校成立于 1856 年 11 月 26 日，当时有学生 4 名。学校自成立之日起从未中断办学，总共有 12 名男生就读，其中 2 名被开除。其中一名为秦华，学校成立后不久因为能力低下即被开除；另一名为卞广，因长期行为不端，特别是参与口角与打斗，于今晨被开除。卞广是学校中麻烦最多的学生，现年 16 岁，学校成立之初即入学，学业表现优秀，但生性专横、好争吵。我希望其他的男孩子可以从他身上吸取教训。

学校现有学生 10 名，其中 4 名为 6 年学制，3 名为 5 年学制，2 名为 4 年学制，另外 1 名最后共就读了 8 年。4 年制的这 2 名学生衣着费用自理，之前曾在牧师皮特先生（Rev. Mr. Peet）的学校就读过很长时间。

陈教友之子，能秀（Neng Sicu），一直以来的表现令人满意，我已向传教会推荐他为合适人选在康涅狄格州（Connecticut）纽黑文市（New Haven）希尔姐妹（Sister Hill）基金资助下接受教育。这个孩子在中国人中仍需保留其中文名字，但按照希尔姐妹基金会的要求，在希尔夫人那里他的名字为塞缪尔·阿格尔·贾德森（Samuel Agur Judson）。

总体来讲，这些男孩子们行为端正。我认为，他们整体的行为表现和学业成绩可以说即使与我们自己国家拥有更好条件的同龄男孩子相比也是值得称道的。有一个班级已经背诵了我们教堂的教义问答（引据经文除外）、牧师保灵先生准备的教义问答、《马修福音》的十章左右及一半多的基本地理和天文学常识。他们每天还有半天的时间学习中国文学。他们不仅仅是背诵，还需要理解所有读到的东西。寄宿学校在第一年的摸索期就取得了这样的成绩，我心中十分惊喜。”

我为可以见证基顺教友在管理这所学校中所表现出的热情与才能而深感高兴。如此明智的决策和尽职的工作必将会带来出色的成绩，对此我深信不疑。该校已成为我们工作重要而有趣的一部分，我们始终坚信它会取得辉煌的成绩。

1859 年的校长报告中写道：

“除了我所承担的日常工作外，我把所有可能的时间和精力都投入到了由我管理的男生寄宿学校中。新校舍的建筑费用为 500 美元，校舍包括 1 小间厨房、1 间餐厅、1 间教室和 16 间每个拟供 2 个孩子就寝的卧室。卧室中，1 间用作储物间和衣物室，1 间供学校老师使用，1 间供我的私人老师使用，其余房间为 26 个学生就寝使用。去年，我接受了 4 名新生入校；同时，分别因为能力低下和长期行为不端，开除了 2 名学生。目前的在校人数为 14 人。

从 1858 年 9 月 30 日至 1859 年 9 月 30 日，总支出为 350 美元，平均每生 25 美元。这些包括教师和厨师的工资、购买文具和床的费用、学生的伙食费用和衣着费用。我通过批发的形式购买大米，降低了伙食费用。另外，外国社区绅士们给了我们一些已不再穿的衣服，又节省了购买衣物的费用。

年龄最大的孩子，应广，已经获许加入教会。我相信他是一个坚定的基督教徒，会不断成熟。另外两个准备接受洗礼的候选人选表现不稳定，尚待继续观察直至满意为止，因此施洗礼仪式被无限推迟。学业方面，孩子们大体来讲很遵守秩序，取得的进步也值得称道。然而，有几次，我不得不实施严厉的惩罚措施，事实证明适当的棍棒式体罚并不是没有益处的。中国的男孩子和美国的同龄孩子一样都需要管教。我们致力于向这个具有奇特的盲目偶像崇拜习惯的民族传布福音，而在这一过程中该校始终起到了有效的辅助作用。”

基顺教友一向身体强健，但最近炎热的天气使其身体有些不适。谈及此事，他写道：“7 月和 8 月间，由于身体的原因，我不得不将日常工作搁置，深感苦恼。目前，身体正在恢复，我为可以精力充沛地重新开始工作而感到欣喜。除以上提到的这两个月，我一直努力承担着繁重却又光荣的日常工作，试图时时刻刻尽我所能，在上帝的佑护下做些有益的事情，去拯救一些基督为之而献身的灵魂。”

1860 年的报告中写道：“上次的年度报告递交后至今，学校又招收了 5 名新学生，学制与以往相同，亦签署书面协议。1 名学生试读，1 名学生走读，4 名学生因为长期行为不端而被开除，目前的在校人数为 17 人。其中，15 人为签订书面协议的学校固定学生，另外 2 名仅为走读生。

1859 年 9 月 30 日至 1860 年 9 月 30 日，学校的总支出为 488.32 美元，其中包括孩子们的衣、食、住等费用及教师和厨师的工资，平均每生 32.50 美元，而去年平均每生仅 25 美元。学生平均费用的增加源于各种食物及衣着价格的上涨。

孩子们在学习方面均取得了很大进步，值得称道，在地理和圣经史方面的进步尤为突出。去年一年中，孩子们表现良好，很少惹麻烦。应兴被接受为基督教徒，我们为此深感高兴，这也是学校中皈依基督教的第二个学生。他为人十分诚恳，于9月受洗，是个很有前途的孩子。另外一个一度申请接受洗礼的家伙事实证明是个卑鄙的伪君子，臭名昭著，我不得不将其开除出校。目前，还有很多孩子看上去很认真，常在各自房间举行祈祷仪式。

我相信这所学校很有前途，将取得辉煌成绩，作为其中一股力量与传教会一起为履行我们神圣的使命而作出贡献，我为此而感到高兴。”

◇ 女子学校

传教会成立不久便意识到开办一所中国女子学校的重要性。怀德夫人（Mrs. J. I. White）才华出众，令人钦佩，可担此开拓之重任。然而，令人扼腕叹息的是，心怀满腔热情、尚待去实现这一长久夙愿的她却离开了人世。1850年秋，一座小的框架式结构建筑落成，里外皆为灰泥涂抹，位于麦利和先生所占地块的后面部分，建筑费用为55美元。1851年1月1日左右，在麦利和夫人的努力下，一所中国女子走读学校在此成立。该校学生在家住宿，但中午在学校用餐。

基督教这项事业所取得的成功令人欣慰，其对附近中国人具有颇为积极的影响。每天日间的在校生约为15人，这些孩子们的进步鼓舞人心。学校办学虽偶有中断，但一直持续至1856年夏。此时，由于麦利和夫人不能再承担学校的监管工作，学校办学临时中断。1857年初，在基顺夫人和麦利和夫人的共同监管下，学校恢复办学，传教会当年的年度报告中有如下记载："麦利和夫人和基顺夫人已为女子走读学校的工作花费了一些时间。她们行事低调、谦逊，但我们想上帝对此不会视而不见，我们相信她们的努力一定会有好的结果。这一年，学校的工作涉及约30个女孩子。这些走读学校课程的广度与深度都不及寄宿学校的课程。走读的学生通常在校时间不长，我们认为最好是让她们主要学习《圣经》和传教士们准备的书籍。"

第一所女子学校

1858年间，学校办学中断，这是因为要组建一所由新泽西州娲标礼小姐和娲西利小姐来管理的中国女子寄宿学校。学校暂时设在先前由基顺牧师所管理的中国男生寄宿学校的校舍中。为了给女子学校争取到合适的校舍，相关申请递交给了巴尔的摩中国女子传教士协会（the Female China Missionary Society of Baltimore）。该协会为此捐赠了所需的一大部分资金，热情可嘉，值得称颂。

牧师万为博士代表传教会草拟了该申请书，申请中谈道："这项崇高的事业由巴尔的摩女子传教士协会接手，并经协会委员会欣然应允。这项工作有一定的重要性，完成尚需时日。此举仿佛是一座永久的丰碑，用以缅怀一个对基督教无比忠诚、对传教会事业怀有至高热情的伟大的人。”

第十三章　日志、翻译文字等

第十二章 日志、随记文字等

◇ 日志选摘

以下选自我日志中的一段文字可让读者了解我们早期在福州生活和工作的情况。

“1854 年 1 月 5 日。周围到处是关于叛乱活动的各种流言，众说纷纭。我们某刻听说北京即将沦陷，或许第二日即会被告知叛乱者已溃不成军。最近，从北京传来的朝廷公文中称叛贼几乎已被铲除，受叛乱所扰诸省的社会秩序即日就会恢复。公文中要求各方勤勉行事，保持安定，同时慷慨解囊，填补国库亏空，解决朝廷急需。福州城善良的人民不愿以这种方式为朝廷尽力，人们普遍认为公文中所言叛乱者之处失实。

1 月 12 日，我们在城中发书。总体来讲，在开展这项困难的工作时，人们并未给我带来太大的不悦或麻烦。他们很渴望拿到我们的书，有时热情得甚至令我颇感尴尬。但是，我通常可以根据自己的意愿决定将书送给谁，拒绝谁。然而，今天我经过一个酒馆时，一名莽撞、毛躁的青年男子突然跑出，挤过人群，大声向我索要书。他跟着我走了一段路，使我十分恼怒。最后，意识到我不愿给他书，他走到我身后，重重地击了我的头部一下。所幸，我戴的帽子比较厚，没有受到什么伤害。我回身时，只见这个家伙正飞快地沿着街道逃离，不停地回头张望。人群中的每个人都以中国人特有的方式狠狠地谴责着这个不幸的人儿，他此刻已不在此，无法为自己辩驳。人们急切地想得到书，说道：‘我们都是好人，我们不会打你。’然而，我告诉他们可以容忍品质如此恶劣之人生活在身边的人们恐怕也不会是好人。我拒绝给他们书，继续向前走着，不时会听到人群中有人说‘他说的有道理，确实不应该打他’之类的话。

2月17日。今天，在教堂门口散发书籍时，我注意到有一个人看到此事似乎颇有兴致。有人对他说：‘你为什么不拿一本书？’‘我不想要，’他简短地回答道。如若有人一直盯着他，似乎会把他惹恼。于是，我很好奇他是一个什么样的人。听到我发书时还和人们交谈着，他逐渐向我所在的方向靠近。听了一会之后，他碰了碰我的胳膊肘，从怀里拿出了一件东西，谨慎地握在手心里，略微地将手张开让我看。原来是一张使徒的画像（我认为是保罗），精美地镶在镀金的画框中。他十分兴奋，迅速地把图片塞入怀中，问我是否认得此物。我如实相告，并猜测他可能是一名罗马天主教徒。他关切地问道：‘你是吗？’‘不是，’我回答道，‘我们的教义与你们的教义不同。’可以引起我的注意，他似乎颇感满足。只见他站在我身边，开始向人们讲述起我们有哪些工作计划，一切似乎熟稔于心。

12月2日。我在街上发书时，遇到了一队士兵。他们正赶往兴化去参加由该省副总督负责的守御军。他们在街上散乱地走着，我趁此绝好的机会给他们发了一些我们的《登山宝训》。

12月4日。今晨我恢复了学校例行的礼拜活动。夏日里，由于我不在校，礼拜活动停办。现在，我身体恢复了，为能够再给这些学生和老师讲课而深感荣幸。我很高兴地看到除了以前的学生外，学校里还新增了很多新面孔。目前，在校的中国女孩子共有20人。这与之前相比已有很大进步，令我们备受鼓舞。

12月6日。洋头口教堂。我们此处所说的‘教堂’不过是指勉为用作教堂的建筑。我们在福州的教堂通常是低矮狭窄且黑暗的中式房屋，冲洗、粉刷、改善其采光和通风条件后勉为用作会客之所。洋头口教堂亦是如此。洋头口教堂位于城中一主干道之上，为我们与广大民众接触提供了莫大的便利。人们普遍愿意聆听传教士发表讲演，尽管他们和在美国去教堂做礼拜的人们一样喜欢简短的布道。我在教堂的那段时间里，有时会有两三批会众，每批停留15分钟至20分钟。这是由于我们的会众主要是劳动人民，他们虽然愿意听我们讲道，但为生计所迫而不能停留过久。尽管我们的汉语水平非常有限且很多人挤在教堂门处，但这并非坏事，因为我们可以给更多的人做简短的讲道。

12月16日。今天，3名琉球人到访我的住处。其中一人是停泊在港口的琉球舢板船的船长，十分精明，对外国的了解远胜于和我交谈过的任何中国人。房间中有一张大的世界地图，他立刻指出了其上的一些国家。英国诸岛狭小的面积令他诧异；美国国土广袤，面积与中国的18个省份相比丝毫不逊色，这似乎令他肃然起敬。观察了一些面积较大的国家之后，我将代表琉球（Luchu）的那个小点指给他们看。鲜明的对比似乎令他们诧异不已，他们凑近地图，似乎试图袒护他们的帝国以不受到外国人粗鲁目光的注视。我指着琉球，戏谑地说，‘面积很大啊！’他们笑着，船长用手指指着他的耳朵，用汉语说道：‘我明白你的意思。’我发现他们很感兴趣，因此将地图上不同的国家指给他们，同时对各国的特点及相互之间的关系加以简要介绍。我问起贝特尔海姆博士（Dr.Bettelheim），他们全然不知。之后，我问及最近是否有美国战舰到访他们的国家。他们稍显迟疑，最后告知去年夏天数艘美国战舰到达他们的国家，目前仍有一只战舰停留。在离开之前，他们似乎显得更为坦诚，对我亦有了更多的信任。我不禁希望琉球人在和外国人的交往中可以尽快持更为客观、正确的态度。

12月19日。消息称叛军已进入直隶省，距北京仅几日的行程。据说此消息来自一位在北京任职高位的福州本地人。鉴于京城岌岌可危，他将自己的画像及妻子送至这里的亲戚处，随附告别性的诗文称圣上的安全受到威胁，他誓死保护圣驾。如果北京被叛军占领，这位官员就其自身命运的预测很可能会成为现实。但是，我认为他的皇帝朋友如果知道‘勇敢贵乎审慎’之道理则会迅速向北撤退以求自保。

12 月 29 日。今日，为了散发书籍到访城内。我可自由地沿街将书散发给那些似乎可读书识字之人，对此颇感意外。然而，我仍十分谨慎，并不前往公共主干道，因为在这样人群拥挤的地方我会处于劣势。我选择最为僻静的街道，快速地行走；偶遇某处有人群聚集时，我会乘轿前行。我散发了两百多本《福音》和约三百本《登山宝训》。曾经有一次，一群男孩子因我不愿意将书散发给他们而在我身后大声呼喊。我立刻步入了一家店铺，告知店主如有任何骚乱发生于此，官府会追究他作为当地百姓的责任。他立刻领会了我的意思，命店里的一位长者解决此事。这位长者十分愤怒（至少表面上如此），对这群可怜的男孩子们一番训斥，事态的突然转变令男孩子们诧异无比。街道上的人群很快散去了；前行中，我的耳边始终回荡着这位长者的声音，直到我已在离开此处很远的地方。”

◇ 国内寄来的盒子

福州美以美会的基顺牧师曾有过以下生动的讲述：

“马丁教友从我们的朋友们那里给我们一家人来了一只盒子。我确定如果您的读者们目睹了打开盒子时的情景，一定会觉得非常有趣。1. 给基顺夫人的帽子。这顶帽子太漂亮了，非常合适。我曾想要有顶帽子就好了。现在，手上就有一顶帽子，还有饰品等等。2. 服装样本。完全打消了我的顾虑。感谢上帝，能够有这样的朋友。3. 威利

（Willie）问道：‘这是什么？’‘孩子，这是给你的一件夹克和一条裤子。’‘很合适。’‘他们怎么知道威利有多高呢？’‘这里还有给埃迪（Eddie）的一件夹克和一件围裙。’这样的谈话继续着，人们手舞足蹈地跑来跑去。埃迪跑得没有威利快，尖叫着、笑着。他不讲英语，像一个本地人一样说着流利的汉语。他的夹克‘真好’；他‘挺欢乐’；这些东西‘好极了’。他们跑着，跳着，欢叫着，似乎和在幸福的美国出生的孩子们一样快乐。”

◇ 中国官府文告译文

以下所选译文可作为中国文告的示例。第一篇文告发布于福州开展对外茶叶贸易后不久。

“负责战事、军饷、盐务等事项的兵部侍郎、钦差、闽浙总督王（懿德）大人及枢密院官员、副钦差、福建省副总督鲁大人等发布了以下这一重要文告。

福建省盛产茶叶，江西、广东等省份的商人在每个茶季初会将资金经由福州（Ho-keu）运至茶区购买茶叶，之后将茶叶运至各省销售。咸丰三年（公元 1853 年），由于叛军侵入华南[1]（Honan），这一路线中断，无法再作为商道通行。因此，我们奏请圣上，祈求暂时撤销此处（福州）的贸易限制。目前，商人们将资金转至福州，从福州再转至茶区购买茶叶，之后将茶叶运至福州。的确，上流的河道有水流湍急与浅水处，但与通往上海与广东的路线相比还是非常平坦的，路线也很短。运输难度差异非常大，福州路线运输费用也比其他路线的费用低很多。另外，茶叶抵达福州后，可以立刻包装后准备海运，在旧有路线沿线无需交纳海关费用。茶叶税迅速降低，商人们的

[1] 指太平军攻占广东，切断了福建到广东的茶叶运输路线。

利润大幅上涨。鉴于朝廷税收亏空，我们奏请皇帝，恳请在通往福州的沿线设置适当的海关，以充实国库。奏请获朝廷准许，我们相应地指派了官员负责此事。

普天下的民众无不受大地滋育，而普天之下莫非王土。如今，朝廷军费支出巨大，而朝廷税收大幅减少。鉴于此，百姓们应乐善好施，以辅佐圣上。朝廷仅要求支付该省内的规定税费，无需支付沿线设有海关的运往广东或上海之先前的茶叶运输费用。目前所征收的税费无论比其他路线所征收的税费略多或略少，可以确定的是免于在其他路线支付繁重的陆路或水路费用仍会使百姓受益良多。这又是一皇恩浩荡之举。

所有百姓均有良知，定不会就税收一项与朝廷讨价还价。凡以支付此项税费为由而要求提高茶叶价格者应谨记在产茶省份内销售茶叶可以避免所有远销茶叶的风险和费用。因此，在福州的茶叶售价可以低于其他地方的茶叶售价。因此，购茶者并不会有所损失。买卖自愿，诚信无欺。

谨遵。

咸丰五年六月十日（1855 年 7 月 23 日）。”

1857 年，福州货币流通状况极其不佳。全国范围内流通的铜币供应量根本无法满足需求。朝廷银库亏空，沮丧的情绪在百姓中十分普遍。官府就此发布了数份文告，以下择其中一份的大意于此以飨读者。

“兵部侍郎、闽浙总督王大人发布文告以作为对某区某地上呈的奏折的回复。

福建省府在福州设置票号发行各种纸币。由于白银稀缺，所以期待纸币可以弥补白银之不足，以满足百姓买卖交易之需。无论考虑到为百姓提供便利或是振兴朝廷，此举均不失为最佳之策。

江西窃贼进入福建省，使得福州百姓惊恐万分，日日收购白银，秘密藏匿，引发白银市场价值剧增。来城中兜售大米的商贩在买卖中只收白银。百姓凡想起未来食物供给问题似乎切实地担忧他们会坐着等死。

我们真诚地希望可以了解百姓所需，帮助他们。因此，我们发布此公文，命省财政大员向省票号供应银两以供流通所用。另外，由海关开具的收据可用来购买廉价出售给百姓的大米。我们已做出妥善安排以做应急之需。

至于铜币短缺一事，我们已派一名官员赴浙江省购买大量铜以作铸币之用。同时，我们亦命省府票号立刻开始新一轮铜币铸造工作。

至于你们提出的‘加深护城河、加固城墙、在重要地段驻军以保护城内安全’的建议我们做出的答复是这些事情完全由我们负责，你们无需赘言。

你们称‘政府票号发行的纸币不在国内流通。另外，百姓向官员支付纸币交纳税费时，官员只按其面值的百分之五十至七十计算收取，商人亦按此法行事。’如果所述属实，则相关各方之行径着实极其可恶。我们立刻令财政官员命所有的政府官员彻底停止此卑鄙地将政府纸币打折的行径。所有胆敢违反者将严惩不贷。谨遵。

咸丰七年三月二十四日（1857 年 5 月 16 日）。”

第十四章　作为传教地的中国

我们注意到，根据最近在天津签署的条约的规定，中国政府允许基督教在中国传播，允许与西方通商。在关注新条约中有关基督教和对外贸易的具体规定前，我们先来简要了解一下中国政府之前在相关问题上所持的态度。

◇ 反对基督教的法律

在中国的基本法律中，有一部分（第 162 条）的标题为“禁止师巫邪术”。公元 1814 年，嘉庆年间，在这部分拟定了第 6 款，专述基督教。该条款于 1821 年修订，于 1826 年道光年间印制。我们在此引用条款中的部分文字，如下：“如有外人（欧洲人或葡萄牙人）在华地宣传天主教，或秘密印刷书籍，或聚众宣传，蛊惑人众者；又如有满、汉人受外人指使，宣传彼等之宗教，或秘密改用洋名，迷惑人众者，经审判属实，为首者绞立决。如有宣传宗教、迷惑人众，而不改称洋名者，绞监候。信从洋教而不悔改自新者，充军新疆，给予能以强力令彼等改正之回教徒为奴。”该条款还规定凡有欧洲人居留国内宣扬其宗教、蛊惑民众而未被该辖区的官员发现的情况，相关官员一律送交刑部受审。很明显，这些严苛的禁令是直接针对天主教的。我们希望中国政府可以将新教与天主教区别对待。公元 1835 年至 1836 年，新教传教士沿中国西海岸航行，向满怀好奇、想阅读基督教书籍的人们散发书籍。此举引起了当局的注意。广东方面向北京递呈奏折禀奏了此事。道光帝立刻下达旨意，责令广东总督秘密地严查此事，查明何人侵袭中国海岸及哪些广东本地人留存了所散发的书籍。广东当局立刻就此事签发了公文告示，提及以下几点：首先，基督教信仰违背现行法律，曾有某些外国人士擅入中国境内，均已被捕后接受审判，或处以绞刑，或驱逐出境。其次，数月前，一些船只突然出现在沿海省份水域，散发书籍，“蛊惑民众信奉耶稣基督”。再其次，书籍销售者及其他持有此类书籍的人员半年内将书籍上交地方官，可免于追究罪责。最后，广大百姓务必坚决抵制“腐化的教义”，效忠圣上与朝廷。这些规定充分表明中国政府坚决抵制任何形式的基督教。

1843年至1844年间中国与英国、法国及美国签署的协议未提及基督教或基督教传教会。1844年，法国公使M. 拉萼尼（M. Lagrene）向驻广州的钦差大臣耆英（Keying）通报了中国天主教徒因信仰而遭受迫害的情况。耆英在上书皇帝的奏折中奏请“将中外民人凡有学习天主教，并不滋事为非者，概以免罪”。然而，奏折中补充说道：至于法国人和其他信奉该教的外国人，只可在五个通商港口修建教堂，不得越界宣扬宗教；如有任何人进行反抗，违背协约，肆意越界，当地官员应立刻将其逮捕后送至相应的领事处法办；死刑判决需慎重，量刑宜示宽容。该奏请获准，令基督教传教会友人深感满意，颇受赞赏。然而，若仔细研读该奏折，则喜悦之情减弱，之后的一系列事实也清楚地表明中国政府并未摒弃其反基督教的政策。这个所谓的“宽容通告”几乎没产生任何影响，之前所有相关禁令显然仍在严格执行。

◇ 中国政府签订的一些条约

以下介绍的诸条款摘自最近于天津（Tientsin）签署的条约。值得注意的是，这四个条约中均包含同一条款，规定该国公民享有中国政府给予其他国家的所有特权。因此，英国和法国享有的特权，俄国和美国自然同样享有，反之亦然。《中美天津条约》第二十九款规定："耶稣基督圣教，又名天主教，原为劝人行善，凡欲人施诸己者亦如是施于人。嗣后所有安分传教习教之人，当一体矜恤保护，不可欺侮凌虐。凡有遵照教规安分传习者，他人毋得骚扰。"《中英天津条约》第八款规定："耶稣圣教暨天主教原系为善之道，待人知己。自后凡有传授习学者，一体保护，其安分无过，中国官毫不得刻待禁阻。"《中法天津条约》第十三款规定："天主教原以劝人行善为本，凡奉教之人，皆全获保佑身家，其会同礼拜诵经等事概听其便，凡按第八款备有盖印执照安然入内地传教之人，地方官务必厚待保护。凡中国人愿信崇天主教而循规蹈矩者，毫无查禁，皆免惩治。向来所有或写，或刻奉禁天主教各明文，无论何处，概行宽免。"《中俄天津条约》第八条规定："天主教原为行善，嗣后中国于安分传教之人，当一体矜恤保护，不可欺侮凌虐，亦不可于安分之人禁其传习。若俄国人有由通商处所进内地传教者，领事官与内地沿边地方官按照定额查验执照，果系良民，即行画押放行，以便稽查。"

条约提及外国人需持照获许在中国游历、居住。以下援引自《中英天津条约》第九款，同时提醒读者其中的规定同样适用于其他签约方。该条款规定："英国民人准听持照前往内地各处游历、通商，执照由领事官发给，由地方官盖印。经过地方，如饬交出执照，应可随时呈验，无讹放行；雇船、雇人、装运行李、货物，不得拦阻。如其无照，其中或有讹误，以及有不法情事，就近送交领事官惩办，沿途止可拘禁，不可凌虐。如通商各口有出外游玩者，地在百里，期在三五日内，毋庸请照。惟水手、船上人等，不在此列，应由地方官会同领事官，另定章程，妥为弹压。惟于江宁等处，有贼处所，候城池克复之后，再行给照。"

上述引文清楚明确地表明了中国目前对基督教和与外国通商所持的态度。让我们来回顾以下几点：

1. 朝廷宣布基督教秉承劝人行善之道，有助于建立人与人之间和平相处的良好秩序，劝导人们凡欲人施诸已者亦如是施于人。

2. 朝廷准许所有臣民自主决定是否皈依基督教。

3. 朝廷承诺任何皈依基督教的中国人均不会因为其信仰而遭受迫害。

4. 朝廷准许外国人进入国内从事贸易活动或传布福音，无论是传教士抑或是商人，但凡行事谨慎、持有护照均可。

5. 据朝廷旨意，取缔以往所有针对基督教、当地基督教徒及外国传教士的具有迫害性质的法令。

我们认为以上表明中国政府目前就我们面对的一些重要问题持有积极态度，同时表明我们的立场已经得到了国内和国外最高权威的支持和认同。的确，这种转变太奇妙了，我们希望也相信它会是永恒的。尽管中国政府是如此迟缓地认识到它面临着严重的危机，无论它是多么不情愿地答应联盟国的合理要求，它很明显已经开始接受自身真实的处境，也愿意履行最近签署的条约中的相关规定。的确，之后中国政府很可能会试图去逃避履行或曲解合约中所做的明确规定。由此，西方国家可能需要被迫借助武力捍卫权利。但是，我们认为，中国目前不可能反悔或宣告其最近的举措无效。进步是无法阻挡的。我们认为中国目前已经向外充分开放，我们也希望它最终会完全接受基督教和对外通商。

在此，我们提出中国适合作为一个传教之地的几点理由。就这一话题进行的讨论一定会吸引所有读者。

◇ 中国的现状

首先，我们注意到，中国目前在宗教、文学和文明方面没有任何积极的进步。令人感到悲哀的是，据我们估计，他们目前在宗教方面的地位与历史早期的地位相去甚远。我们见证了中国人古代宗教信仰完全物化的历程。很明显，中国人拒绝对这一问题再进行思考。所有社会阶层均对这一重要问题持无比淡漠的态度。对这一问题表现出任何一点关注的人则会被认为是无赖或是蠢材。他们的宗教行为十分多样，尽管经常互相矛盾、彼此排斥，但仍对几乎所有的社会阶层产生着重大影响。然而，中国的宗教体系似乎根本无法激发国人的内心，无法使他们拥有明确的目标或促使他们全身心地、满怀热情地去追逐信仰。中国的宗教体系中没有可以激荡内心、塑造民族气质的伟大思想，没有借助其旨意可以左右百姓、控制他们情感的神灵，没有一旦被抛弃就会被立刻认定为悖理逆天的信仰。中国宗教中的教士缺乏传教士的激情，偶像崇拜停滞不前，没有任何宣传其教义的有力举措，所有教派严重萎缩，这一切预示着他们将彻底放弃。我们认为可以找到导致这种可怕的漠然和无宗教信仰状况的根源。之前提到的物化哲学使得古代中国人的信仰固化。道教因其低劣的、滑稽可笑的骗人的戏法而丧失了百姓的尊敬。佛教由于其教义与中国人性格中世代相传的一些最高尚的天性相违背，无法在中国赢得衷心的认可与信仰。

几世纪前，中国文学达到了繁荣的巅峰。孔子、孟子（Mencius）、司马谈（Ma Twan Sin）、朱熹（Chu Hi）等凭借过人的才华影响和推动了文学的发展。但是，在过去的六百年中，我们却无法找到任何学识渊博的学者或见解新颖的思想家。如今的教育只是一味地效仿古代的大家。在中国，学生们不仅记诵着相同的内容，还记诵着两千年前写下的字字句句。整个国家的国民心中都在追忆先前的格言、思想和模式。繁荣之景已成历史，之后的每一个流年只不过是离纯粹的思想、专注的和谐越来越远。诚然，偶尔会遇见一个似乎博学勤勉的中国学者或一本彰显探究之情的现代著作。但是，这样的情况十分罕见，更使得我们的观点得以确信，即中国文学的发展已彻底停滞，不再有任何振奋人心的、独立的思想。这种民族思想相对贫瘠的现象不能归咎于满清王朝对人才发展的遏制。诚然，早期的一些满族帝王轻视甚至试图废除当时中国盛行的令人钦佩的教育体制。但是，在乾隆（Kienlung）统治时期，这种对立的态度得到了转变。另外，从目前来看，当朝国人的思想与先前的明朝相比更为活跃。思想贫瘠的现象有其重大而持久的根源。中国人一直以来关注的对象范围狭窄，而他们如今在这些领域已经计穷智竭。中国的知识分子无法从探究真理的过程中获取灵感，也无法受到西方文学界有益的影响。他们所撰文章涉及的话题缺乏坚实的真理基础，鲜有触及当今重大的现实问题。

中国文明现有的一些基本特征在中国历史的最早期已经存在，数世纪以来几乎没有什么变化。如今，在朝廷的统治下，社会安定。人民在这片土地上耕种、收获、种桑、养蚕、织布、制陶、种茶、从事手工制作。他们过着俭朴的生活，一如两千年前。一种高度发达的文明竟然可以历经数世纪而原地停留，似乎令人难以置信，但历史是无可争辩的。所有其他的古老国度在繁荣鼎盛期后，社会生活奢靡、放荡、行为方式残暴。是哪些保守性的因素使得中国文明一直稳定地保持现状呢？对于基督徒来说，答案显而易见。在影响中国古代信仰的神圣真理中，一些因素世代以来对国民思想起着强大的稳定作用。中国人在古代经典书籍的影响下接受着完备的教育，这一点很大程度上使得他们在道教和佛教思想的腐化下并没有彻底地沦入道德颓废。甚至是他们对父母的尊敬，尽管已沦为偶像崇拜，也起到了积极的作用，使得他们可以如遵守《摩西十诫》中第五诫的人们一样在“上帝所赐的家园中”尽享“生命的长度”。

其次，我们注意到，一些极具信服力的迹象表明中国即将迎来重大的变化。我们暂不去探究会发生何种变化，在此我们只需对已提及的一些事实进行阐释。我们确实对这一话题感兴趣，认为已经摒弃了偏见，可以不受到先前已有相关观点的影响。任何可以理智地思考中国目前状况的人都不会注意不到她史无前例的危险处境。无需术士占星就可以察觉到中国需要思考以下几点。

第一，我们所接触到的所有才思敏捷的中国人几乎一致坚信并预感到他们的国家即将面临着一次重大的危机。他们说历史上每一次重大的变革都有某种征兆，目前我们所处时代的天地间，已经有明确的迹象表明即将有重大事件发生。无疑，即使只有大多数（若不是全部）征兆是假想的话，则以这些征兆为依据合理地推断出中国人所预测的结果是不可能的。然而，尽管我们可以对他们提出的所谓的迹象进行质疑并提出合理解释，人们这种普遍的预感非常强烈。在历史上，有很多类似的预感均应验了，目前的情况不由得让我们想起在救世主诞生的那个“适当的时候”全世界的那种殷切的期盼之情。

第二，很明显，目前的中国政府是软弱的。我们希望不会因为谈及这一话题而被误解。我们无意责难这个伟大的国家当前的政府统治，我们也并不是主张要废除这样的政府。目前的政府形式可能是与中国人的性情最相符的，而且之后的王朝也根本不可能对政府统治形式作出本质性的调整。当朝的政府统治或许一如我们理性的期待一样，是进步而开明的。我们相信国外的外交人士有这样的亲身感受，即中国的满族官员没有汉族官员那般固执和武断。然而，当朝的政策至目前为止一直是排外和反基督教的。当朝的皇帝如果有如此权力的话，他完全可能会欣然地将这一排外的政策发挥到极致。值得庆幸的是，尽管他一直以来对这一政策持认同态度，尽管他始终拒绝相信有关世界上其他地方的真实信息，他拥有的权力却始终不如所愿，有一种软弱感迫使他目前不得不采取一种政策，一种正义与人性一直在呼唤却未果的政策。国库亏空和官员腐败是耗尽当朝统治的两大因素。令人感到悲哀的是，政府已开始采取一些动摇立场的举措来充实国库。之前，官职与官衔一如每个中国人的本能感觉一样授予科举考试中的佼佼者，但如今却公然出售给出价最高的人。目前，民众普遍认为若想获得这些令人垂涎的官位，金钱的力量大于才学。金钱交易已导致货币贬值，这场政治骗局迟早会走到尽头。

第三，太平天国起义（Tai Ping Rebellion）影响深远。此处的讨论不建立在对该起义预期胜利的基础上。的确，目前为止，就我们所关心的问题而言，起义的成败几乎没有影响。此处的讨论亦不拟涉及叛军是否确实皈依基督教。即使是这样，我们还是有很多话题来探讨。在与该起义相关的重大事项中，我们认为有一项是无可争议的，即广西省（Kwangsi）的一众改革者于约10年前曾与当局发生了激烈的冲突。在距首次战役1年的时间内，这些改革者或称叛军占领了华南大部省份。1853年，他们胜利进驻南京（Nankin），以南京为都城自建天国。在过去的10年中，他们一直断断续续地发动对朝廷的战争。目前为止，他们在南京的防御措施仍很得力，让中央政府陷入了困境。他们声称信奉基督教的基本教义，也将按照《圣经》的告诫行事。他们印制并散发所持有的部分《圣经》篇章，宣扬存在三位一体的上帝，斥责所有形式的偶像崇拜，拆毁宗教的寺庙及所供奉的神像，试图依循他们并不完备的理解来树立对唯一存在的、真正的上帝的信仰。以上是一些与该重大运动相关的重要信息，该运动的影响力不会完全被虚伪狂热的行为、劫掠或流血事件抵消，尽管这些行为已多次使这项事业蒙羞。

现在无法预测该伟大斗争的最终结果。然而，我们似乎可以充分地估计其对中国人的影响。叛军所取得的惊人胜利令举国震惊，迫使朝廷重申它对中国的 18 个省拥有神圣的统治权。当今朝廷和叛军首领均分别声称其享有最高统治权，从而引起了民众热议。的确，这将是一场持久战，将以其中一方的胜利而告终。该运动在宗教方面的影响一定是重大而有深远意义的，因为如此一般对古老的一神论信仰权威的宣扬，和对偶像崇拜猛烈的斥责是中国人闻所未闻的。

叛军打破旧习的热情在世界历史上几乎可以说是史无前例的。他们所奉行的原则在四处传播，整个国家都在传诵着他们的英勇事迹。中国从未遇见过这般如克伦威尔式的领袖，从未听到过如“铁翼将军”般厚重有力的脚步声。基督教未曾在任何土地上有过如此一位先驱者、在任何时代未曾有一位救世主是这样一位“施洗礼者约翰”。

最后，我们注意到西方外交对中国的影响。中国所想象的作为万能大国的日子屈指可数。统治者手中的朱砂红笔已无力将“外域蛮夷”限制在他们“西北大洋”的疆土之上，无力再使他们远离“中央帝国”的文明与奢华。不再会有来自以吹嘘和夸夸其谈见长的州官与将军处送往北京的加急快件，这些快件曾以诸如“炸毁外国船只”“摧毁外国军队”“将外国人驱赶至海上”“外国人卑躬屈膝地祈求朝廷宽容”等诗一般的语言愉悦龙颜。中国不再孤立，不再是别国的天涯海角。现代的宗教、文明与商业已经越过了“赫拉克利斯之柱”（the Pillar of Hercules），即将开始在广袤的东方大有发展。如今和以后，由谁来掌管中国的皇位已无关紧要，他所需执行的外交政策已被拟定，他无法消除来自这一力量的影响，也无法忽视它的指令。在过去的20年中，西方国家在中国的影响力稳步而快速地得到提升，可以很容易地预见这样一个大国在如此大影响力的作用下将会发生何种变化。

附录　基督教式中国婚礼

以下所描述的是在中国福州一带举行的一场基督教式中国婚礼，出自一位在福州的美国传教士之笔，最初发表于《美国长老教会》，相信读者定会感兴趣。

“我于新年当日收到婚礼请柬，请柬以新郎最年长的在世叔伯的名义送来，是一张 9.5 英寸长、4.5 英寸宽的红纸。请柬的一面用汉语写着这位叔伯的姓名、即将结婚的侄子的姓名、婚礼时间及其他几项，邀请我‘大驾光临’。这张卡片放在一个未封缄的红信封中，信封约 10 英寸长、5.5 英寸宽。我的汉语名字写在一张窄窄的红纸上，贴在信封上，红纸与信封等长。所有接到这样的婚礼正式邀请函的人无论是否出席婚礼均应给新郎一方随礼金，以支付婚礼相关费用。

受邀的外国人中包括两位女传教士和基顺牧师。基顺牧师是该城美以美会的成员，受邀主持基督教式婚礼仪式。约清晨四点半时，我们乘一只中国式船只行进了一段路程。我们提前准备了一些冷餐以作为在船上食用的早餐。划船的中国佬们如往常一样站着划船。由于我们是顺水而行，因此一路颇为顺利。黎明时分，我们上了岸，此处距福州约 8 英里至 9 英里。我们随船还带了一只轿子，以供女士们使用，但这里却找不到轿夫，这令我们很失望。按照原定计划，从上岸处至婚礼举行地，女士们可以徒步行进和坐轿交替着前行。此时，去周围的村庄雇其他的轿夫为时已晚，除非我们宁愿长时间滞留于此。最后，女士们决定徒步走完余下 4 英里至 5 英里的路程。前方有一英里多的路穿越一大片稻田，秋季的稻子已经收割，有些地已种上了冬小麦；小麦撒播在河床上或山坡上，麦间隔约 7 英寸至 8 英寸。小麦已约 8 英寸至 10 英寸高，呈现出一片美丽之景。走了将近 3 英里时，终于找到了可以抬轿子的人，可供一人乘坐；轿子下船后一直是一个中国人和我们中的一个人抬着。如果要把轿子抬好，定是需要有大量的练习，接受专门的培训。女士们轮流乘坐轿子前行。我们很快离开稻田进入了山谷，路逐渐变得愈来愈蜿蜒曲折。周围的景色即使不算壮丽，却也有着浓厚的浪漫情调。我们置身于高大的群山之中，山上主要遍布着瘦松、野生蕨和一种长势很高、颇为奇特的草。在我们脚下左侧约 100 英尺处，一条小溪蜿蜒流向闽江。约八点半时，我们到达了新郎的家，周围的美景令我们心情愉悦。

很多人早已聚集在新郎家。新郎及他的几个亲戚都已皈依基督教，是当地卫理公会传教会所属教堂的成员。他的未婚妻不是基督教徒，是被买来作为他的童养媳在家中养大的。在福州一代的贫苦家庭中，有一个很普遍的习俗，即花钱买或抱养年幼的女孩，养大后作儿媳妇。这种行为并无任何特别的不光彩之处，只是表明购买或抱养童养媳的家庭境况比较窘迫。

婚礼仪式在新郎家的客厅举行。前部摆放一张朴素的桌子，桌上放 2 只酒杯，酒杯看起来很旧，用一根约 3 英尺至 4 英尺的普通红绳系在一起。之后，新郎在其位置上站好，新娘在伴娘的陪伴下出场，伴娘是一名 40 岁左右的已婚妇女。双方面对着牧师站立，外国客人站在两侧及门口处。

新郎约 26 岁，举止文雅，仪表堂堂，沉着冷静。他头戴一顶中式礼帽，帽顶有铜扣和红丝缨；身穿由精美的蓝黑丝绸制成的外衣，衣服几乎拖至脚面，脚上则是一双缎帮中式靴。新娘约 19 岁，在婚礼中曾一度显得非常不安。她是一名大脚女子，因此服装的款式也是福州大脚女子中盛行的款式。新娘的鞋不是长筒靴，为黑色棉布质地，上部有红丝缨，有红丝线刺绣图案，鞋底则是厚厚的白色鞋底。新娘的外衣是黑棉布制的，长度刚刚没过臀部，下身则是相同颜色、相同质地的马裤。她的服装总体而言很像灯笼裤的样式，和美国现在流行的女装也有几分相似。她没有戴帽子，不过戴着耳环，耳环直径约3英寸。头顶佩戴着一个金属的饰品，表面镀金，约6英寸至8英寸长，外形犹如犁把手弯曲的末端，亦如向后弯曲的牛角。另外，她头上还戴着一个花环一样的东西，由10朵至12朵假花编成，高出头发约3英寸至4英寸。

牧师开始主持仪式，他将英文名称为'The Happy Land'的圣歌翻译为汉语，人群中的基督教徒们一起唱着：

> 天堂没有苦难，满是祝福。
>
> 所有人都很惬意，十分快乐。等等。

之后，他开始按照美以美会的仪式诵读婚礼仪式用语，这些仪式用语都已翻译成汉语并做了一些调整以适应中国的习俗。仪式中省略了询问观众是否反对新人结为夫妻的环节，因为这个环节多年来已为人们所熟知。在中国朋友看来，这个环节荒谬至极，毫无必要。这个环节到来时，牧师沉默了片刻。原本在此刻，新郎与新娘需握起手来表示愿意结为夫妻。有个人手捧一个小石罐走上前，石罐里盛着已温热的酒，酒还冒着热气。他将酒倒入桌上用红绳系着的两个酒杯中。伴娘双手各执一个酒杯，让新郎与新娘先后各抿一口酒，双方均不可用手触碰酒杯。这是中国人的习俗，所有的婚礼仪式上都有这个环节，以代替双方携手的仪式。

所有人（新郎、新娘和牧师）原地跪下，直到仪式结束。仪式结束时，大家吟唱了一首长节拍的颂歌。丈夫缓缓而礼貌地向妻子深鞠一躬，妻子则在伴娘的搀扶下向他鞠了三个躬。之后，他们在亲戚和朋友的陪伴下进了新娘的房间，人群也同时散开了。

在举行婚礼仪式的地方很快摆放了几张桌子，准备为男客们供应早餐。我注意到有5张方桌，每桌坐8人，共40人。在另一个房间中，摆放了两三张同样的桌子来招待女客。在公众场合，男女从不同桌共餐。据说，约有100名客人来用早餐。有些人或许已经在他处用餐了，只是我们没看到而已。

为我们这些外国人准备的是西式早餐。为我们备餐的似乎是一两个年轻人，他们曾在传教士家中生活过，熟知外国人的饮食习惯。早餐包括香肠、烤鸡、猪排、煮猪肉、火腿鸡蛋、米饭和土豆、小麦面包、水果、无花果、枣和两种橘子等。新郎仍然戴着礼帽，和我们坐在一起；他吃得很开心，胃口很好，以示对早餐很满意。他很娴熟地使用着刀叉；如果是我们的话，对筷子的使用定不会如此娴熟。新娘在我们的桌旁坐了一会，但始终一言不发；无论如何劝说，她也不肯用餐。在这种场合，禁食和保持沉默是中国人的习俗。因此，绝不可认为新娘是由于不高兴才会如此。很明显，她很喜欢准备好的食物。有几次，她瞥见旁边房间的女伴们正在朝我们张望时，几乎笑了出来。但是，她还是努力保持着庄重的仪态，因为大笑与毫无顾忌地用餐一样都有违中国礼仪。

昨日婚礼仪式上的见闻令我们心情愉悦，这个家庭不愧是个基督徒家庭。我们到达后，他们以基督徒的礼仪接待了我们。在他们的居所附近，我们没有听到任何不妥的言谈，也没有看到任何其他宗教信仰的迹象。我们注意到在客厅，即举行婚礼仪式的地方，三面墙上悬挂着七张大纸，其上用大字写着从《新约》和《旧约》中摘录的文字。其中一张纸约四英尺半宽、七八英尺长，其上书写着翻译成汉语的‘十诫’，字体粗犷而美丽。房屋的大多数柱子和门框上都贴着很多红纸，上面的内容设计符合中国人的品位，传达的是圣经中的真理。这些文字让我们想起了《圣经·旧约·申命记》（Deuteronomy）第六章中的第九段。纸上每行约有五至七个字，每张纸长数英尺、宽数英寸，纸上书写的不再是摘录自中国经典书籍中的内容。比如，在新娘房间的门框上贴着一副对联，上书‘男女知教义，子孙诵福音’。

离开的时候到了，约11点时，我们启程前往河边，女士们一路徒步前行。大约行进至一半路程时，我们在卫理公会派传教会的一个分处停留了片刻。一位年轻的当地劝勉者和他的家人住在此处。传教会正在此处修建一座小礼拜堂。这一带的当地皈依信徒们自愿捐赠了一些建筑材料，并为礼拜堂的建造劳作了270天。他们皆为极贫苦之人，因此这样的举动实为可贵。离开之前，我们在一名当地教友的提议之下进行了一番祈祷。”